# 不要用爱伤害我

## 如何远离原生家庭创伤

张德芬空间　合著

中国友谊出版公司

**图书在版编目（CIP）数据**

不要用爱伤害我 / 张德芬空间合著 . -- 北京：中国友谊出版公司，2022.10

ISBN 978-7-5057-5033-3

Ⅰ . ①不… Ⅱ . ①张… Ⅲ . ①家庭教育 Ⅳ . ① G78

中国版本图书馆 CIP 数据核字（2022）第 219109 号

**书名** 不要用爱伤害我
**作者** 张德芬空间
**出版** 中国友谊出版公司
**发行** 中国友谊出版公司
**经销** 新华书店
**印刷** 三河市冀华印务有限公司
**规格** 880 × 1230 毫米　32 开
8.75 印张　　165 千字
**版次** 2022 年 10 月第 1 版
**印次** 2022 年 10 月第 1 次印刷
**书号** ISBN 978-7-5057-5033-3
**定价** 52.00 元
**地址** 北京市朝阳区西坝河南里 17 号楼
**邮编** 100028
**电话** （010）64678009

# 目录

PART 1

## 孩子的问题，都可以在父母那里找到原因



## 你的孩子不是你的孩子

PART 2

## 最好的教育，就是身教



## 父母如何说，孩子才肯做

PART 3

## 学习力：决定人生高度



## 表达力：培养逻辑思维



## 情商力：共情的力量

## 社交力：陪孩子终身成长



## 富足力：有钱人和你想的不一样

# Part 1

# 孩子的问题，<br>都可以在父母那里找到原因

# 为什么有的孩子会习惯性畏缩？

文：甜阁下

小何来找我咨询时，一副垂头丧气的样子。他说，他刚在工作中错失了一个很好的项目。他本来对项目方案胸有成竹，但在与合作方交流时，支支吾吾不敢说。小何自卑又自责，他问我：“为什么我一到社交场合就总是畏畏缩缩的？怎样才能克服这种心理呢？”

和他聊天后，我发现他的这种心理在他很小的时候就形成了。

当年因为超生，他的妈妈经常带着他东躲西藏，有时跑到棉花地里，有时把他塞到某个黑暗角落，紧张的气氛一直笼罩在他的心头。除此之外，妈妈每次都会在他不听话时恐吓他，说：“村委会来人了，来抓黑户了！不听话就等着被抓吧！”结果他就会紧张、局促不安，这种情绪反应一直持续到现在。

很多人都有被父母吓唬、威胁的经历——

“你再哭！再哭就不要你了！”

“如果考不上重点大学，你就只有拾破烂的命！”

“你要是找不到好工作，趁早回家种地！”

对孩子进行威胁、恐吓，是很多父母历来持有的一种教育管理方式，但鲜有人意识到，父母的“无心之语”往往就是孩子伤痛的开始，导致很多孩子在成年以后，想起父母经常说的这些话，还是会感到愤怒和难过。这同样会影响到孩子的个性，他会逐渐变得自卑和畏缩不前，做事犹豫不决，一味地迎合父母或别人的期待，不敢表达自己，也无法做真正的自己。

## 威胁的本质，是一种控制

小叶来找我咨询时，同样很痛苦。“我觉得自己很差劲，很多余。虽然工作、生活都很如意，却一直摆脱不了这份自卑感。”

为了了解她自卑的深层原因，我让她说说和母亲的关系。她说不太好，母亲对她关心的时候少，呵斥的时候多。印象最深的，是小时候有一天，她蹦蹦跳跳地去找妈妈，想让妈妈带她逛街，没想到妈妈白了她一眼，说：“逛什么？心都玩野了，养你就是个累赘。想逛，就别回来了！”

小叶完全被妈妈训蒙了，心想是不是自己哪里做错了，惹妈妈不高兴了。

后来的很长时间，她都在想这件事情。她把逛街和自己是个“累赘”联系在一起，感觉妈妈是不是不爱自己了，并把这份痛苦憋在了心中。小叶说，这样的状况还有很多，她感觉自己是被训斥大的。

显然，妈妈对小叶说的话是生硬的，这些话像咒语一般回荡在小叶心头，对她幼小的心灵造成了很大的伤害。妈妈对小叶这样做，目的其实只是想让小叶能更顺从她，按照她说的去做。

父母威胁孩子时，并没有把孩子当成是需要尊重和认可的个体，而是在贯彻自己的想法，要孩子去承担不公平的后果。而这种威胁本质是一种控制，控制着孩子身心，让孩子听话，不要给自己添麻烦。

## 如何克服父母的威胁给自己的伤害

在父母的威胁中长大的孩子，怎样做才能最大限度地克服这种伤害和影响呢？最为关键的一点，就是要有足够的自我认同。

父母不是完美的父母，不必事事都得到他们的认同，要转向积极的、足够多的自我认同，内心才会有力量，才能坚持住自己的主张，不被父母的威胁吓倒。

在《我家那闺女》中，焦俊艳和她爸爸是一对冤家父女。爸爸对她各种吐槽，嫌她土，“穿得像淤泥一样”“头发像鸡窝一样”，还“威胁”她要把这些不修边幅的照片发出去。

她报考电影学院时，同样遭到了父亲的反对。但她坚持了自己的想法，不但报名了，还考上了。

焦俊艳很有主见，她认为就算是和父母沟通，谈自己的烦恼，父母不但帮不上忙，反而会问出更多的问题，让她更烦躁、更难受，所以没有必要把一份痛苦变成两份痛苦。也正是因为焦俊艳坚持主见、自我认同度高，她才能从父母的威胁管制中走出来。她很清楚，父母强行塞给她的东西和自己想要的东西完全是两回事。

同时，自我认同度也体现在能够跳出过往与父母相处的惯性模式，重新建立自己的人际互动模式。

在我们很小的时候，由于没有太多的自我意识，我们不得不一切听从父母的安排。父母的威胁，总是随心所欲、张口就来，我们只能被动地接受，久之就形成了这样的惯性互动模式。长大后，我们很容易把这种模式带到现有的人际关系中。事实上，我们已经脱离了原先的成长环境，我们要意识到，自己早已不是当年那个弱小的孩子了，在任何关系中都有权表达自己的需求。

当你能意识到自己的人生是由自己掌控时，你对想做的事情才会有坚持的态度。这样你才能进一步认识到，父母的威胁对你现在的生活没有实质性影响。

当一个人能够认同自己，坚定地对自己的成长负责时，才能为自己打开成长的大门，活出真正属于自己的人生。

# 内在匮乏的父母才把孩子当面子

文：周丽瑗

## “你刚结婚就离婚，我的脸往哪儿搁？”

我认识艾丽超过二十年，她一直独立、要强，非常优秀，是我们一群女同学心中的榜样。大学毕业后没多久，她就向银行贷款给父母买了一套房子，改善了家庭的经济状况，而且将每月的部分工资上交，提高父母的生活质量。

她的父母是典型的中国式父母，虽然从不当着外人面夸赞自己的女儿，但脸上溢出的幸福能看出他们还是很为女儿自豪的。

在很多年里，艾丽都很想让父母生活得更好些，所以自己的终身大事拖了好几年。终于在 32 岁时，她遇到了自己的真命天子。我满心以为她过上了幸福的生活，却在某一个深夜接到了她的电话，说她的先生家暴。

一向坚强的艾丽情绪崩溃地大哭了起来，让我意外的是，她并不是在控诉她的先生。

她告诉我，她打电话跟父母讲这件事的时候，母亲特别紧张，那一瞬间她感觉有点愧疚，母亲心脏不好，远隔千里，是不是不应该告诉她。

可就在艾丽准备反过来安慰母亲时，母亲接下来的反应让她如同被浇了一盆冷水。

“这件事不要声张，传出去名声不好，对你们俩以后的感情也不好。不要一冲动就想离婚的事，你小的时候，我那么难，也没说离婚。你刚结婚就离婚，让我的脸往哪儿搁？人家会说这当妈的究竟怎么教育的！我是为了你好。”

类似这样的话，母亲持续念叨了十多分钟，艾丽说她就像是被点了穴一样，僵硬地拿着手机，不知道如何回复，也不知道该不该挂掉。全程母亲只问过一句“他打伤你了吗”，再没有表现出更多的关心。

艾丽说挂了那个电话后，她哭了两个多小时，想起了很多事，也顿悟了很多。

从小为了满足父母的期待去努力，当自己想要争取自己想做的事情时，父母告诉她的都是：感受不重要，成功最重要，你成功了，咱们家就光宗耀祖了。她的需求从未得到过满足，在婚姻里也没有得到尊重。

之后的一年时间里，艾丽积极调整自己的状态，将情感暂时冰冻起来，还要经常去安慰父母“你们放心，我会处理好的，不会让你们丢脸的”。办完财产分割，顺利签字离婚之后，艾丽给父母发了微信告知了他们这件事。

结果，她收到的父母的回复是：“婚礼上我们给你的十万块嫁妆，你拿回来了吗？”艾丽笑了一下，删掉了它。

“我做这一切都是为了你，要不是你，我早离婚了。”这是艾丽母亲的台词，而艾丽也曾被自己的母亲“女人离婚伤风败俗”的面子控制着。

## “话都说出去了，我怎么回绝？”

单身姑娘小晴，过完 25 岁生日后就一直被母亲催促着相亲，她一直想按照自己的节奏找对象，但无奈母亲特别着急。母亲在熟人圈里经常推销自己的女儿，就像推销快到保质期的产品一样。

在母亲的努力下，小晴和母亲单位同事的儿子见了个面。在整个过程中，她对对方没有丝毫感觉，回来后就跟母亲说这个人不合适。母亲瞬间就暴跳如雷。

小晴问母亲：“你为什么要勉强我接受一个自己不喜欢的人？”她的母亲回答：“我这一辈子做的事情都是为了让人家看得起我，从来没让谁因为我而丢过脸。现在我话都说出去了，你人都见过了，我怎么好意思回绝人家？你让我这脸往哪儿搁？”

母亲的回答深深刺痛了小晴，原来，自己的幸福远没有母亲的面子来得重要。

## 家有爱面子的父母，该怎么成长？

如果站在这两个例子中父母的角度去看，艾丽和小晴都一直活在父母的面子里。父母把委屈和不甘带给了孩子，然后用相同的方法复制了一个自己。

孩子小的时候，出于本能，会无限地忠诚于父母，将父母所说的一切视为真理，包括为他们的面子去争取一切。因为对父母的爱，很多时候他们自动牺牲了自己的感受，也许在小的时候抗争过，但一句“别让爸妈丢脸”便可以将他们控制住。

在讲究孝道的文化背景下，这样的孩子在成人后往往已经失去了自己。很多人在亲密关系中发现真正的自己一直没有被尊重，或者在中年危机时才敢活出自己的叛逆。不管你是未婚还是已婚，当你意识到父母关心他们的面子比关心你本人的感受更甚时，那一刻无疑是心痛的，但也是你自己加速成长的机会。

与父母之间的磨合，需要跳脱出为父母的面子而活的状态，让他们认识到自己情绪上的不成熟和人格上的不完整，这是个持久战，越早开始越好。

摆脱为父母的面子而活，最重要的是，从小事上一点点建立界限。这里给大家分享一些日常的处理方法。

首先，辨别出父母爱面子的行为。

在与他们的日常沟通中，你要觉察到那些披着“为了你好”伪装的行为实际是“为了他们的面子”，分辨的标准就是，观察自己内心的感受，自己有没有得到尊重。

当然，如果你一直生活在感受不被重视的环境里，一开始去联结感受的确有点难，但这肯定是个开始。一旦你感觉到心里不舒服，想说什么说不出时，就应该意识到，如果这件事情照着父母的心意做，你就违背了自己的感受，而你的感受其实是最值得被尊重的。

其次，守住自己的边界。

当父母意识到你不会为了他们的面子继续争取时，肯定会有很多情绪化的言语和行为，这时你要稳定住自己的情绪，守住自己的边界。

有一个心理防御机制叫作理智化，就是将内在的感受暂时切断，用理智的言语和行为去成熟地回应他们。当然，在这个过程中，他们一定会激起你的内疚感，但这正是锻炼你的时候。

情绪宣泄或者反弹都是不可取的。你要在情绪不冷静的父母面前，成熟地应对事情，告诉他们：如果照你们这样做，我感受不好，而我不愿意去做让我感受不好的事。

最后，放下对父母的期待。

在小的时候，我们的期待已经被打压了，所以不要幻想父母会来满足你的期待。很多父母的自尊是建立在孩子的服从上，一旦你打破了这个前提，他们可能会有更多的反弹行为，那时你可能会觉得他们更像孩子。

看到自己的父母呈现出孩子的状态时，你得去调整自己的角色，想象一下自己需要父母如何对待，那就去扮演那个理想父母的样子。在这个过程中，把你的父母想象成你自己的内在小孩，滋养他们，抱持他们，时间久了，他们也就不再哭闹了。

在这个过程中，我们自己也要进行一些长期的心灵疗愈，修复和面对自己的内在创伤，以成熟的姿态重新构建自我和新的家庭关系。只有这样，我们才能建立更为健康的家庭边界，找回属于我们自己的内在力量。

其实我们这代人，很多时候是没有后路的。感到失败和感觉日子望不到头的时候，没有那个温暖的避风港，那个港湾里只有对你的要求和期待。

家，不是所有人的退路，有时甚至会带来更大的压力。在身后没有灯火时，自我成长才是唯一的出路。

## 孩子的脆弱，父母总是忽视

文：甜阁下

孩子从呱呱坠地那一刻起，就开始了和父母的交往。父母以什么方式和孩子交往，影响着孩子对世界、自我和他人的看法。当大人们聚在一起，而且有孩子在场的时候，你有没有听过大人们这样调笑孩子——

指着别人家的孩子：这孩子真胖，肥嘟嘟的，哈哈哈哈哈。

指着自家的孩子：我家孩子屁股上有个胎记，来，给阿姨们看看。

拿孩子的社交开玩笑：读三年级啦，有喜欢的女孩子吗？哈哈哈。

这样的场景，逢年过节大人小孩聚在一起时，不少见。

邻居、亲友们聚在一起，拿孩子取乐，轻松好玩。更有甚者，孩子已经成年了，长辈们凑在一起还是会聊孩子幼时的糗事，这甚至成为孩子的标签——

你小时候可胖了。

从小就特别内向。

对大人来说，取笑孩子并不值得特别在意，只是茶余饭后的谈资。但对孩子来说，被取笑却是大事一桩。逗趣的大人，脸红、尴尬的孩子，这也许是很多人童年时不太美好的记忆。

## 孩子的羞耻感，父母总会忽视

我曾遇到一个可爱的女孩子用自嘲的口吻描述自己从小是如何被爸爸取笑的。刚出生的时候，她爸爸一脸嫌弃地问姥姥："怎么这孩子的脸形跟鲇鱼一样？她妈妈挺好看的，我也不丑，她怎么这么丑？"直到她长大，她爸爸还是会毫不避讳地把这件事当成笑话讲。她自然是不乐意的，小时候的事一直被说到现在，包括——

小学的时候，摔倒了，爸爸不去扶她，反而站在一旁笑她笨；中学，打针的时候晕过去了，爸爸笑她没出息；大学的时候，爸爸拿她的体重开涮。

这些年过去了，她一直希望爸爸能够成熟一些，能爱她，而不是总奚落和取笑她。但爸爸觉得那么做无伤大雅，他又没有嫌弃她。

很多身为父母的人，似乎不认为孩子是有自尊心的，对孩子的羞耻感浑然不觉，用玩笑伤害了孩子。对于这样的父母，孩子并不知道要怎么应对，抗议一般是无效的。

每个人对自己都有一个总体上的知觉和认识，是自我知觉和自我评价的统一体。儿童同样也会有这样的自我概念，但儿童的自我概念通常取决于父母如何看待他。如果父母夸他是漂亮的孩子，孩子就会相信自己是漂亮的；当父母取笑他的外表，孩子就会相信自己是丑的、不讨人喜欢的。

父母对孩子的那些不够友善的看法，一旦进入孩子的自我概念系统，就会让孩子产生对自己的消极认识和感受，影响孩子自尊心的建立。

## 孩子的脆弱，父母难以想象

心理学研究表明，儿童的自尊反映在重要感、自我胜任感、外表感这三个方面是否得到满足。具体体现在：

孩子需要在心理上获得别人的关注，通过被关注而被喜欢、获得支持和接纳，继而感受到自己是重要的；孩子需要在游戏、学习和交往中表现出良好的行为和能力，得到别人对自己能力的认同和赞许，来证明自己是有价值的；孩子需要别人夸奖自己的外表或者打扮穿着，从而获得一种积极正面的情感体验。

显然，能够让孩子培养起良好的自尊的环境，就是家庭；能提供给孩子一个没有伤害的心理环境，就靠父母。伤害孩子的自尊、打击孩子的自信，成年人只需要三言两语，就会失去孩子的信任和依赖。尤其是对自己的语言杀伤力没有觉察的父母，总是会以爱的名义碰触到孩子的羞耻心。

9 月开学，妈妈送小伟到大一新生处报到，又去寝室帮他铺床、打扫。妈妈很热情，和小伟刚认识的舍友拉家常，让他们以后互相学习、互相帮助。结果，妈妈的话匣子一打开就收不住了，说起了小伟小时候的各种糗事。

小伟当即就很尴尬，他不知道妈妈为什么要把这些不好笑的事从小学到中学、从中学到大学，一路这么说给别人听。

父母对待孩子的态度，决定了孩子个性的发展。在这样一种不共情的教育下，孩子大多会对父母心怀不满，对人际交往产生畏缩心理，甚至不那么愿意去相信别人。父母在很多时候无法清晰认识到孩子心灵的脆弱程度。

而孩子在成长的过程中，一方面依赖着父母给自己的爱，另一方面又因为力量弱小，不得不以一个听话孩子的身份去接受父母的揶揄。他们把自己的真实感受掩藏起来，怀疑起自己在父母眼中的形象，是不是就如父母所说的那样可笑、不堪。

### 孩子不是笑料，而是宝贝

这种把孩子当成无知觉的“小猫小狗”来逗弄取乐的做法，父母需要警惕。在这种环境下成长的孩子，很难真的喜欢自己，安全感也会缺失。父母最好不要随意去开孩子的玩笑，以维护孩子自尊心的成长。通常，父母要注意这两点：

1. 不拿孩子的长相和体形开玩笑。

取笑孩子的长相和体形会对孩子造成最直接的伤害。当孩子听到父母对自己的外表和身材有负面评价时，他第一时间会把这些评价感知为父母不喜欢自己、嫌弃自己。慢慢地，他在心理上也开始不接受自己的外部特征，甚至以自己的外表为耻。

有个男孩子就因为小时候被爸爸说“嘴唇厚”，一直觉得嘴唇是自己的缺点，平时就爱抿嘴，不爱和同学朋友们说话，说起话来也不自然。

2. 尊重孩子的隐私。

当孩子有不想告诉父母的事情时，父母应该让他保有不说的权利。如果硬要揭孩子的短处和探听他的隐私，还到处宣扬，会破坏孩子的自我完整感。

有个妈妈在女儿不在家时，偷偷翻看了女儿的日记本，结果在一次家庭聚会上，妈妈说漏了嘴，把女儿的秘密告诉了亲戚朋友，惹得众人哄堂大笑。女儿当场羞耻得哭了出来。长辈们却说女孩儿小题大做，“小孩子哪儿来的秘密”。

父母要意识到，保护孩子的隐私，其实是在保护孩子的人格尊严。父母不应该窥探甚至暴露孩子的隐私，让孩子失去安全感和对父母的信任。父母是孩子成长路上的领路人，也影响着孩子的喜怒哀乐。在这条路上，父母最不能忽视的，是孩子的情感期待和需求。

尊重孩子的父母，不会把自己的孩子当成笑料，而是当成独一无二的宝贝。孩子不需要调笑，他们只需要父母的尊重、关心和爱。

# 太“懂事”的孩子，都是被迫谦让

文：JK 不二子

《中国青年报》社会调查中心做过一项关于“懂事”的调查。调查发现，有 78.1% 的受访者表示自己喜欢懂事的孩子。是啊，大人总是喜欢“懂事”的孩子，因为懂事的孩子省心。可是，他们之所以懂事，真的是因为那就是他们内心的想法，还是单纯为了取悦大人？不是每个孩子都天生懂事，而是随着一天天长大，学会察言观色，越来越“被懂事”。

## 懂事的孩子，都是被迫长大的

孩子懂事，并不是坏事。但孩子被动懂事，过早懂事，失去童真，压抑了天性，就一定不是好事。

有一次，朋友 Sala 带俩娃来我家玩，我特地把从国外带来的巧克力拿出来跟大家分享。她女儿小爱吃完后，眼睛一直盯着盘子里的最后一块。她看看妈妈，又看了看我，欲言又止。

我问她："是不是还想吃一块？"她有点害羞地点点头。

正当我要把巧克力给她时，在旁边玩的弟弟冲过来大喊："我要！我要！"

Sala 马上对女儿说："小爱懂事，给弟弟吃吧！妈妈再给你买。"

小爱很乖地放下手中的巧克力，尽管也有不舍，但还是把巧克力让给了弟弟。

Sala 夸女儿真懂事，就像个小大人。小爱才 7 岁，平时就会帮弟弟洗手、洗澡、哄睡。Sala 自己工作忙，几乎没有什么时间陪女儿，但女儿学习很自觉，完全不用她操心，乖得让她感动。

后来，Sala 邀请我参加小爱的生日派对。吹蜡烛许愿时，小爱默默地许了属于自己的愿望。调皮的弟弟吵着要她说出愿望，她腼腆一笑，怎么也不肯说。临走前，我偷偷地问她："刚才你许了什么愿望呀？"

她眨了眨大眼睛，低着头轻声说："希望爸妈有时候可以把我当小孩，我不想那么快长大。"不知怎的，听到她的这个愿望，我的鼻子一酸。我从心底喜欢这个懂事的女孩，因为她让我想到了童年的自己。我蹲下来，给了她一个深深的拥抱。

有兄弟姐妹的家庭比较容易养出被动懂事的孩子。尽管父母也会有意识地平衡给予孩子们的关注度，但是年长的孩子很容易被父母贴上"要懂事"的标签。明明自己也想吃好吃的东西，也想让妈妈多陪自己，却因为要“懂事”，不得不选择谦让和隐忍。就像小爱，她也不过是个 7 岁的孩子，却因为是姐姐，总是被迫成熟懂事，被迫耐心忍让，被迫“长大”。

## 懂事的孩子，缺乏无条件的爱

马伊琍曾经在直播中说，她后悔自己当初对女儿爱马管教太严格，使女儿过于“懂事”。有一次，女儿回家告诉她一件不开心的事。她在幼儿园里跟同学一起玩过家家，妈妈和宝宝的角色本应轮流当，可是有的孩子总想自己当妈妈，还逼着爱马一直当宝宝。爱马心里觉得很不舒服。马伊琍对女儿说“你完全可以拒绝”，爱马却说“我不敢”。

女儿的胆小让她联想到平时只要自己说话声音大一点，爱马就立刻会认错：“妈妈我错了，我再也不敢了。”为了让严格的妈妈喜欢自己，让妈妈高兴，爱马总是小心翼翼的，硬是把自己逼成了一个“懂事”的孩子，不敢说出内心的想法。

当一个孩子已经习惯了有什么愿望就憋在心里；做什么事情只想着不给别人添麻烦，自己死扛；过于顾及他人的感受和评价，放低自己……慢慢地，他们也就不再知道自己想要什么，即使知道也不敢要，最后干脆放弃自我，只要别人开心就好。

讨好型人格就是这样形成的。家庭治疗大师萨提亚指出：讨好的本质是低自尊，就是从心底觉得自己不够好，也害怕别人觉得自己不够好，不值得被爱。在亲子关系中，孩子会压抑自己真实的想法和感受，想用懂事来获得关注和爱。

讨好型人格形成的最根本原因，就在于孩子在家庭中没有得到父母“无条件的爱”。

什么是无条件的爱？就是我爱你，就爱原原本本的你，不管你是优秀的还是平凡的。爱你所是，而非爱我所愿。

## 懂事的人，会不断付出以换取爱

懂事的孩子内在的不配得感，让他们长大以后在人际关系中，尤其是在亲密关系中，会不断付出、牺牲，来换取爱。

Anny从小就是个懂事的孩子，和她相处特别舒服，因为她总是“先人后己”。去年她恋爱了，尽管男友平时工作忙，很少照顾到她，但她从来不作不闹，就是那种“乖乖地待在家，静静地守住电话”的懂事女友。

有一次，Anny半夜发高烧，却不告诉男友，自己叫车去医院挂急诊。身体极度虚弱的她，头晕目眩地挂号、拍片检查、取药吊水，差一点在走廊里昏过去。

我问她：“干吗不告诉男友？”

她说：“他工作忙，在出差，告诉了也没用。我一个人可以搞定。”

我心疼她，懂事，却不懂自己；爱别人，却不会爱自己。

Anny 谈的这场恋爱太辛苦，太委屈自己了。

前几天，她告诉我，她和男友分手了。她说："其实懂事都是被逼的，因为得不到足够的爱，所以只好用懂事来争取。可是，懂得珍惜的人可遇不可求。如果可以重新来过，我宁愿做个不那么懂事的姑娘。"

武志红说："懂事"是一种很深的绝望。

我不是说不要懂事，只是过于懂事的人往往压抑、牺牲自己的内在渴望和需要，悦人不悦己。委曲求全的懂事是带有负能量的，它会变成一个黑洞，把你吸进去，消耗你的生命能量。很多过于"懂事"的成年人都知道自己这样活得好累，但是又不知道如何改变。

的确，当懂事成为一种习惯，要改变并不容易。但是，既然懂事是习得的，那么我们也可以习得另一种更好的、不压抑自己的方式。

1. 觉察自己的内在情绪。

很多人自我情绪的感知触角之所以麻木，是因为与自己的内在失去了联结。静心是一切疗愈的开始。通过冥想，把身体所有的力量都集中在自己身上，让我们从纷乱的外界回归自身。

在面对某些人、某些事时，我们不妨静下心来，觉知一下自己当下的感觉，是不舒服、不甘心、太委屈，还是愤怒，然后把它识别出来。

2. 接纳真实的自己。

不完美是真实的存在。当我们接纳自己时，允许存在不完美，我们便不再需要从他人的认可中追求完美的自我存在，内在的冲突就消失了。

3. 学会拒绝。

对很多懂事的孩子来说，拒绝别人就等于伤害别人，是特别困难的事情。可是，人的精力是有限的，面面俱到，受累受伤的只会是你自己。其实，只要沟通表达到位了，拒绝就不会带来伤害。

4. 放下期待。

"你的外面没有别人，所有的外在都是我们内心的投射。"很多时候，他人的评价也不像你想象中的那么重要。

成年人要学会百分之百地对自己负责，放下从他人那里讨爱的幻想。要知道，在这个世界上没有谁能让所有人都满意。

真正无尽的爱，源自我们的内在。卸下面具，重新和自己联结，知行合一，活出真实的自我，才是悦人悦己之路。

# 恐吓式教育，养育出低自尊的孩子

文：JK 不二子

从小到大，你被父母吓唬过吗？有记者做过一个随机调查，结果发现，几乎所有人在小时候都被父母用各种各样的话吓唬过。其中三分之一有孩子的人表示，自己曾经或者正在用各种各样的话吓唬孩子。

当孩子不听话时——“再调皮，警察叔叔就会把你抓走！”

当孩子不睡觉时——“再不睡，大怪兽就会来吃掉你！”

当孩子不写作业时——“再不写，就给老师打电话！”

…………

父母为了管教孩子，常常会下意识地“吓唬”孩子，因为效果通常立竿见影。那么，经常吓孩子，会对孩子产生怎样的影响呢？

## 恐吓之后，是心理阴影

不少父母觉得，恐吓式教育虽然不是最好的方式，但简单有效，而且自己的出发点是为了孩子好，所以就不觉得有什么不对。然而，通过恐吓来对孩子进行管教存在着潜在的风险，它可能会直接启动孩子的负面情绪——恐惧。

被恐吓的具体事件可能会随着时间流逝而模糊，但身体的细胞会记住当时的感觉。

有朋友回忆说，她小时候做什么事情都磨磨蹭蹭的，她妈妈就经常用各种恐吓手段催促她。有一天早上，她妈妈因为有急事要出门，想早点把她送去奶奶家。催了好几次，可她还是慢吞吞地吃早饭。她妈突然变得神神道道，故意压低声音跟她说："你知道我们家的垃圾桶为什么前几天不见了吗？"

她摇摇头，说："不知道啊。"她妈妈接着说："是被一个穿蓝色衣服的小偷偷走的。这个小偷还会偷小孩儿，你要是不快点吃，就只能一个人在家了，那个小偷可能会来敲门……"

朋友说，她至今都记得那一刻的感觉：浑身一股凉意，血液像是凝固了。于是她赶紧吃饭，生怕被偷走。

从那以后，她每次出门或上学的时候，都要紧张兮兮地看看门外是不是有人。更要命的是，平时走在大街上，一看到穿蓝色衣服的人，她便有一种莫名的恐惧感。这种心理阴影一直伴随着她长大，挥之不去。

朋友的妈妈可能迫于无奈，想让她快点吃完饭，才编造了一个可怕的角色吓唬她。虽然当时看上去挺有效果，但是她妈妈并没有意识到，这个“谎言”会给孩子造成这么大的心理阴影。

心理治疗身体体验疗法的创始者彼得·莱文博士说，伤痛和恐惧是一对孪生姐妹，是人生命中两个主要的杀手。长期处于恐惧中的孩子，其被压抑的情绪往往会通过某些身体症状表达出来，如失眠、头痛、身体虚弱等。

### 恐吓，影响孩子的人格

如果说，编个谎言吓唬孩子是间接伤害，那么父母放狠话威胁孩子，就是直接的暴击了。虽然父母的大部分狠话只是说说而已，并不会真的那样做，但是这种语言暴力给孩子带来的心灵创伤最可怕。其中杀伤力最大的一句狠话莫过于——“你再不听话，妈妈就不要你了。”

表妹小云从小一直被父母教导：你要乖，要有礼貌，要好好学习，不然就不是好孩子，爸爸妈妈就不喜欢你了。小小的她，内心充满了恐惧：我要是不乖，就会被爸爸妈妈讨厌甚至遗弃。

这对孩子来说是天大的恐慌。而且，这样还会让她认为“我本身是不值得被爱的，除非我乖”。渐渐地，她就会把自我需求压抑下来。

为了得到父母有条件的爱，让他们满意，小云努力读书、拼命工作，以此来避免自己不被喜欢、被抛弃。长大后，低自尊、讨好型人格都让她很不快乐。

恐吓式教育里的父母对孩子有太多的要求和设定——要优秀、要听话、要努力、要争气，不然的话就……

这些要求让父母看不见真实的孩子，亲子间也就做不到真正的情感联结。

## 每个孩子都应该且值得被善待

健康心理学的研究表明，如果想激励个体发展出健康的行为，正向引导比恐吓威胁更为有效。恐吓教育表达的句式是："如果你不做 A，就会失去 B。"每一句话都在告诉孩子会失去什么，唤起孩子的恐惧。如果孩子长期处于这种情绪状态，无力感会把心中的勇气和信心一点点摧毁。

如果父母改用正向引导的表达句式："如果你做了 A，你就会得到 B（这里的 B 不是物质奖励，而是指孩子可以获得的能力、健康等资源）。"这样的沟通方式会让孩子充满信心和正能量，从而积极地去行动，而不是背负着恐惧不得不做。

比如，同样是劝诫孩子好好读书，小云父母的恐吓教育给孩子带来的是内心的焦虑不安和低价值感。而有位作家对儿子说的一番话却让孩子感受到爱和动力。她说："孩子，我要求你读书用功，不是因为我要你跟别人比成绩，而是因为，我希望你将来拥有选择的权利，选择有意义、有闲暇的工作，而不是被迫谋生。”

看到孩子的真实存在、发现孩子的真实需要，并满足孩子的需要，这才是真正的爱。每一位父母都应该明白，最终能让孩子拥有自己天空的，一定是他内在的力量和勇气，恐吓和束缚只会让孩子变得怯懦或叛逆。

每一个孩子都应该且值得被善待。正如纪伯伦的诗中所写：

你的孩子，其实不是你的孩子，
他们是生命对于自身渴望而诞生的孩子。
他们通过你来到这世界，却非因你而来，
他们在你身边，却并不属于你。

你可以给予他们的是你的爱，却不是你的想法。
因为他们自己有自己的思想。

你可以庇护的是他们的身体，却不是他们的灵魂。
因为他们的灵魂属于明天，
属于你做梦也无法达到的明天。

你要向他们学习，

而不是使他们像你，

因为生命不会后退。

所以，如果你真的爱孩子，请别再吓他了，他需要的是能给予他安全感的温暖的爱，而不是恐惧。

# 抱住受伤的内在小孩，好好爱自己

文：周丽瑗

彩晨是某知名医药公司的产品研发总监，一种新药从在化验室中的无数次试验到最后量产，她都起着决定性的作用。她自毕业后就在这家公司工作，兢兢业业地干了十五年才坐上总监的位置。

后来公司启动上市计划，她比从前更多了份责任和压力。原本药物研发就是个耗时耗力的苦差事，由于公司要上市，本就下班最后一个离开办公室的她，变成不到晚上 9 点不离开办公室。办公室的年轻人看到领导如此拼命，自然不敢准时下班，更不敢请假。时间久了，很多下属不知不觉间对彩晨有了怨怼情绪。

终于，彩晨的领导在大家隐晦的呼声下找她谈了次话。这次谈话对彩晨来说有非常大的震动，因为她从来都是小心翼翼地处理各方面的关系，工作以来，领导的意见就是最高指示。

她和以往谈工作一样，红着脸听完了领导的意见，表示一定会好好处理与下属的关系。从那以后，彩晨一到下班时间就把同事们轰回家，这样一来，巨大的工作压力都压在她头上，她常常深夜才下班。对工作的投入自然会影响对家庭的时间分配，先生也从最初的诸多抱怨到慢慢地情感疏离，两人已经很长时间不交流彼此的心情。算起来，这种“室友”的关系已经持续了将近两年。

心灵空虚的彩晨在仅有的空余时间开始学习佛法，但无论做什么，她都感觉自己不符合佛法的教诲，从而又需要花很多时间去忏悔。

当我问她为什么如此注重事业表现时，她也一度陷入迷茫。她回忆起每当领导肯定她的工作时，她的第一反应都是他说的是不是真的。她内在总有个声音说：“领导不了解我才这样说，等到了解我了肯定会发现我的不好，所以我要更努力才行。”

我们共同工作过几次，每当她内心响起这个声音时，我就请她闭上眼认真回想这个声音的来源，彩晨试了几次都做不到。

终于有一次，她在搞砸一场精心准备的演讲后，突然眼睛泛红地说，她失败的一瞬间，脑海中响起了母亲的声音：“你就是个废物，你什么也干不了！”

## 为什么有的人总觉得自己不够好?

像彩晨这样优秀的女性，我们身边有很多。她们事业有成，位高权重，但当你靠近她们，会发现她们有很严重的集体主义情结，即很容易放弃自我去满足集体的利益。同时，她们的成绩也是来自自我的奋斗，仿佛有个内在极其严苛的超我，时时监督着她们。即便自己的婚姻关系并不理想，她们也不敢提出离婚，面子是她们决策问题的关键。

总体来说，这样的女性在我们的社会中特别常见，她们超级敏感、易害羞，道德上对自己要求极其严格。由于这些特质，她们往往在事业上会有所建树。同时也受困于这些特质，在接近中年时，不堪事业、家庭和身体的压力，而备感焦虑和无力。

我们把这类人的人格特质称为“害羞自恋人格”，而这样的人格特质，追其根源，会发现在她们的生命中母爱是缺失的，确切地说，她们缺失的是慈母之爱。

当一个女人心中以“我是不被人爱的”“我是被人嫌弃的小女孩”这样的视角来看待自己时，她自然会为了被爱和足够好而付出更多。最初的这个评价往往是在她与母亲的互动中留下来的。如果去考察这个女人的成长背景，我们会发现，她的母亲不是不爱她，只是不是“慈母”般地爱她。

那些被母亲看见的镜映、犯错后的抱持以及取得成绩后的嘉奖，在这些母亲身上都没有体现。大多70后、80后，其母亲就是这样的。为什么呢？

## 时代背景下的严苛母亲

这类人格特质的人，在他们母亲身上往往能看到如下几点：

1. 自己有着不如意的婚姻。

在1950年到1980年，大部分婚姻具有更多的经济功能和利益功能。从最早讲究“出身”的匹配，到后期为了分房嫁个不理想的丈夫，这种情况比比皆是，而这样的婚姻也自然诱发了很多怨怼甚至仇恨。

带着这样的怨怼或仇恨，母亲会这样对女儿说：“我这辈子没什么指望了，就指望着你出人头地。”一个长期被这样洗脑的女儿，活的不是自己，是拼尽全力在活母亲没有活出的人生。

2. 英雄文化的过度曲解。

在母亲那代人的认识里，为了集体利益牺牲自己，是自我价值最大化的体现。而且很多母亲当时接受的育儿法就是不能太惯孩子，在孩子哭得声嘶力竭时，正确的做法是让他哭，直到他认错，或者哭累了为止，千万不能安慰。

本着这样的想法，这些母亲也把更多的精力投入到工作中，为了集体利益牺牲自己才是唯一正确的事，这些牺牲里也包括自己的孩子。

所以，70后、80后的母亲很少有全职母亲，不仅是缘于经济压力，更多的是因为“为了集体利益”的英雄情结。

3. 对女性身份的不认同。

在很多这样的母亲的成长经历中，自己的女性身份在原生家庭中并不被接纳，她们的名字被叫作“招弟”“迎弟”等。也许她们的母亲在成长中也一直被灌输“女人是没用的，女性身份是次等的”这样的概念。

## 没有被充分爱过，如何爱自己？

近几年心理学的普及，我们经常听见“自恋”这个词。它是美国人发明的，而美国人的自恋是追求个人理想和成就。而在我们的语境中，一个“自恋”的母亲所追求的，却是拼命工作以免被别人看不起的猜想。两者的本质驱动完全不同，一个是出于自信，另一个是出于恐惧。

现在，把以上所有特征汇集起来，就是一个不认同女性身份的女人，在一个自己不满意的婚姻里生活，转而去集体中追求自己的英雄情结。那想象一下，她的女儿能得到什么？

情感上被忽略；为了别人委屈自己的心态；不断以外在成就证明自己的模式；超高标准的内化超我，总是处于敏感的自责中……

其实我相信，这样的母亲不是个案，彩晨也不是独例。由于时代和社会意识的影响，这样的母亲已形成共同的特质，而被这样哺育长大的我们，多少会受到这些特质的影响，而且很大一部分女性会因为这些特质在事业上做得很成功，但她们却可能生活得不幸福，该怎么面对？

她们不幸福的源头可能在于没有被慈爱的母亲呵护过，而现在如果再去问母亲要爱是不可能的。这时的母亲年事已高，无法接受这样的理念，就算能接受，她们也是那个缺爱的女人，无法发展出自己都不会的能力给你。

不过，你可以选择成为一个好妈妈。在孩子受挫时给予支持，在孩子得到好成绩后给予鼓励和肯定。在每次跟孩子互动的过程中，给孩子与自己童年不一样的情感体验。在这个过程中，你也能在一定程度上给自己一个不一样的童年，就好像小小的自己重活了一遍。

时间久了，你在心理上便慢慢不跟自己这么较劲，不再无止境地要求自己。就像一朵花，根茎慢慢有了营养，它开得便不那么用力和费劲，只是顺其自然，顺势而为。

此外，心理学还有一套“内在小孩”的体系，不妨一试。你可以将自己分离开，当内在脆弱升起时，自我的一部分扮演慈母，去抱持受伤的那个自己。像彩晨这样的，在被领导批评的时候，先别急着下意识地去证明自己，而是想象自己是个被批评的孩子，自己作为母亲会如何安慰自己，对着自己把那些话说出来。这个过程不但补偿了自己没有得到的母爱，也可以发展出自己慈母之爱的能力。

慈母之爱的缺失，并不代表我们一定要变成自己内在孩童的严厉母亲，更不代表自己不能成为一位慈母。

我们这代女性，知识积累足够多了，也在努力让自己汲取许多智慧，但“爱”这个我们不熟悉的东西，还需要我们自己想办法去学习。

# 别用父母之爱控制孩子

文：JK 不二子

## 性别意识边界，很重要

现在的父母，早已不像上一辈的父母那么吝惜表达爱，他们对爱的表达直接且花样百出。但有时候，身为父母，在孩子到了一定年龄的时候，和孩子保持恰到好处的距离十分重要。

心理学家哈洛曾说："母爱的本质绝对不是简单地满足孩子的饥饿和干渴的需求，它的核心是接触性关怀：拥抱、抚摸、亲昵。"爱的表达，离不开肢体接触。但是，不同年龄阶段的孩子，需要不同的亲密方式。

3 岁是一个分水岭。孩子 3 岁以前，父母不要吝惜给予孩子亲昵。各种亲吻、抚摸和拥抱，就像蛋白质和维生素一样，是孩子成长的必需品。这些亲昵行为不仅可以让孩子平静下来，还能给他们带来被爱的满足感和安全感。

在亲子的亲密互动中，孩子会自然地对关爱自己的那个人形成依恋。这种安全的依恋关系对孩子的未来成长影响深远。

3 岁左右，孩子的性意识开始萌芽。我们在和孩子相处的过程中，就需要有性别的边界意识。这个时候，父母要开始设立跟孩子之间的性别边界。

1. 设立生理上的边界。比如，尽量避免嘴对嘴的亲吻，一方面不太卫生，另一方面会刺激孩子的性意识；尽可能地避免异性家长给孩子洗澡，培养孩子自己洗澡；父母尽量不要当着异性孩子的面换衣服，孩子也不在异性父母面前裸露身体。

2. 设立心理上的边界。这个阶段的孩子处于“俄狄浦斯期”，孩子会对异性父母产生爱恋。男孩会出现恋母倾向且嫉妒父亲，女孩会出现恋父倾向且嫉妒母亲。他们一方面过于依赖异性父母，另一方面会对同性父母缺乏敬畏并与之疏远。在现实生活中，有些孩子会幻想与异性父母结婚，独占异性父母的爱。

比如，有的小男孩想娶妈妈，有的小女孩想嫁爸爸。如果父母有意无意响应了孩子的这个幻想，孩子就可能发展出“恋父情结”或者“恋母情结”。

比如，妈妈与儿子整天黏在一起，形影不离，超过了妈妈和爸爸的亲密度，那么儿子可能会认为，妈妈最在乎的是他，而不是爸爸。

## 性别边界，影响孩子未来的各种关系

如果父母忽视了幼年时期孩子性别边界的建立，影响的可能是孩子的一生。

首先，这可能导致孩子在家庭中的地位模糊化。孩子越位，会带来家庭排序错位。在正常的家庭系统中，每个人都有特定的位置。如果亲子关系高于夫妻关系，其他家庭成员都会因此而备受困扰。

更加不容小觑的是，随着年龄的增长，这种错觉会发展出一系列亲密关系和人际交往的问题。比如，只结交异性朋友而难以融入同性的圈子，会造成孩子未来社会关系的失衡。

当孩子进入青春期，他们的身体日趋发育成熟，性意识萌动，自尊心强。这个时期，很多孩子不希望异性触碰自己的身体，哪怕是父母。这个阶段，如果父母对孩子亲密过度了、越界了，表现出的“爱”就会显得畸形。

在韩国某档综艺节目中，一个高中女生的烦恼就是这样的情况。女孩说，爸爸对她常常有过度的肢体接触。比如，和女儿牵手，亲亲抱抱，有时甚至直接推门进来要帮她洗澡——这种亲昵，就越界了。

后来，这位爸爸解释说，因为自己入伍服役，错过了陪女儿长大的时光，现在想通过具体的行动来弥补对女儿的爱。但他似乎没有意识到，女儿已经不再是两三岁的孩子。

对于女孩来说，父亲是她人生中接触到的第一个重要男性。女孩会有意无意地把自己与父亲之间的关系当作一种模型，代入未来与其他男性的关系之中。通常来说，如果与父亲关系过于亲密，女性在性方面的独立意识和自我保护意识会有所下降。

所以，如果父母没有根据孩子的年龄特征调整和孩子的距离，过于亲密，很有可能伤害孩子性别意识的正常发展和成年后正常亲密关系的建立。

## 过分的亲密，可能有危险

著名儿童精神分析专家塞尔玛·弗雷伯格的《魔法岁月》影响了三代美国妈妈的育儿理念，书中写道：孩子与父母的情感联结必须足够亲密、有力，这样可以确保孩子将来拥有自己的爱情生活。但这种情感联结不能过于强烈，以致吞噬一切，妨碍孩子成年之后的亲密关系。

皮克斯动画片《包宝宝》就讲述了一个令人深思的母子故事。独自在家的妈妈在吃包子时，突然发现包子变成了一个小男孩，圆圆的大脑袋，白白嫩嫩的模样，煞是可爱。从此，母子俩亲密无间，形影不离。

妈妈像养孩子一样喂养它，喂它吃饭，给它量身高、洗澡……妈妈时时刻刻都带着它，一起去菜市场买菜，一起去锻炼身体……包宝宝时常围着妈妈团团转，逗她笑，给孤独的妈妈带来了生活的乐趣。

在妈妈的照顾下，包宝宝一天天长高长大了。它有了自己的生活，开始交朋友。妈妈感到非常失落，无论她怎么讨好包宝宝，都无法控制孩子想自由的心。

终于有一天晚上，包宝宝回家了。妈妈激动不已。可是，包宝宝回来，只是为了收拾行李，它要和金发碧眼的女朋友离开这个家。妈妈苦苦哀求，不让包宝宝离开。但包宝宝不予理会，去意已决。妈妈无法控制自己的失望和愤怒，突然“激情犯罪”，把包宝宝塞进嘴里，吞进了肚子。

悲剧发生后，妈妈泪如雨下，但大错已铸，为时已晚。妈妈曾经那么爱包宝宝，原来是一场以爱为名义的绑架，用爱将孩子吞噬。

作为一个 5 岁男孩的母亲，我不禁反思自己在生活中对孩子的依恋。有时候，我也会忍不住狠狠抱他、亲他，觉得离不开他。姑且不去讨论是否过度，值得深思的是亲密的背后，到底隐藏着什么样的心理，是真的无条件爱他，还是仅仅为了满足自己被需要的感觉。

如果答案是后者，那就不算爱。因为爱不是占有，不是控制。

孩子所有的安全感都来自爱，而且是孩子想要的爱，能够感受到的爱。异性亲子关系需要充分地表达爱，但要把握好边界。

# 你的孩子<br>不是你的孩子

## 孩子的状态，反映了父母的关系

文：甜阁下

前天，我从一个做老师的朋友那里听来一个故事。她的班上有一个女孩，最近上课常常迟到，精神状态不好，课间也不主动和同学说话。有一天，女孩进教室把书包一摘，就趴在桌子上不动了。朋友观察了一节课，感觉不对劲，把女孩单独叫到办公室，这时才发现，女孩全身都起了荨麻疹。

通过进一步询问，朋友得知女孩这段时间反复出现这种症状。“你告诉爸爸妈妈你皮肤的事了吗？”她回答：“没有。”接着眼泪掉了下来，“有天晚上，爸爸突然走进我的房间，古怪地告诉我，如果妈妈问我要跟谁，我就说跟妈妈。我不敢问为什么，一晚上没有睡好，我好害怕。”

朋友联系了女孩的父母，询问了更多的细节，才弄清楚她无助的原因。原来她的父母最近明里暗里一直在吵架。他们觉得孩子小，什么事也不懂，就没有直接告诉她，却没想到给孩子带来这么大的影响。

## 孩子的状态，反映了父母的关系

很多时候，孩子的感觉系统是很灵敏的，虽然他们不擅长表达，但内心能感知到压力并产生负面情绪，而当这些负面情绪得不到纾解的时候，很快就会体现在生理上，他们的身体会出现各种不适症状。就像上面这个女孩，她感受到了家庭氛围的异样，变得很紧张，觉得只有自己听话，父母才不会不要她。这种情绪表现在身体上就是急性荨麻疹，来了又去，去了又来，其实就是一种向爸妈求救的信号。

孩子的身心状态很容易暴露父母的关系，甚至他们的相处模式。我的一位来访者小敏，工作三年了。最近她总感觉胸口发闷，觉得自己活得很失败，对什么事都不感兴趣。她的工作还比较稳定，跟领导、同事的关系也融洽。只是在谈到自己的妈妈时，她会有强烈的情绪反应。

我问她发生了什么事，让她有这么大的反应。她说，只要她有不痛快的事，心里就藏不住，会打电话给妈妈诉苦，但是妈妈从没有给她安慰和开导，而是训斥她，说她遇到问题不开窍，总是长不大、真没用等。

她一听到妈妈抱怨自己没用，就难受，感觉自己尽给妈妈找麻烦。每次打完电话，她就觉得自己真的很没用。我开始以为是小敏过于依赖妈妈，才会有一直想给妈妈打电话诉苦的念头，后来得知她父母的互动关系后，才发现问题不是表面呈现的这样。

## 父母相处融洽，孩子才会健康成长

原来，小敏爸爸的个性比较独断专行，很少听小敏妈妈的意见，会贬损小敏妈妈，小敏妈妈一直都在忍耐。小敏从小到大，都是由妈妈在照顾着，爸爸很少过问，但只要小敏学习成绩不好，或者做了什么让他不高兴的事，就会直接怪罪到小敏妈妈头上，指责小敏妈妈不会教育女儿。

小敏妈妈和小敏爸爸对着吵，却会不由自主地拿小敏撒气，只要小敏有事找妈妈，妈妈就会学着爸爸的口吻，说女儿没长脑子，没用，干不成事。

很显然，父母之间这种带有精神暴力色彩的不良关系，影响了小敏的自我感受。她会因为妈妈的负面评价，认为自己一无是处，生活在消极的状态中。

一个人的内在感受是形成自我的核心，父母如果忽略孩子早期的感受，或利用孩子来满足自己的情绪需要，那就意味着孩子为了得到父母的养育而放弃自己的感受。而小敏这样做的深层原因，是为了让长期受到爸爸压制的妈妈感觉好一点，她努力让自己没有主见，让妈妈来指导自己的人生，这就导致她越来越困惑，同时丧失了做真实的自己的机会。小敏成了父母关系的受害者，以牺牲自己来维护关系的平衡。因而，她的自我是脆弱的，有待重建。

父母是孩子快乐与恐惧的源泉，简单地说，就是父母关系好了，孩子才会好。孩子的状态，就是父母关系的晴雨表。

当父母相处融洽时，孩子的内部是自洽的，能够健康地成长；当父母之间有各种嫌隙和冲突时，孩子的身心也容易变得紊乱。因为孩子要努力地调适父母冲突给自己造成的压力，为了迎合父母的需要不得不压抑自己真实的感受。

## 父母关系不好，如何避免孩子受伤？

当父母双方相处不和谐时，怎么做才能更好地维护孩子的心理健康，让孩子有一个良好的自我发展空间呢？

1. 面对真实的状况，不欺瞒孩子。

很多时候，父母以为孩子小，什么事都不懂，很多事情就会瞒着孩子不说。但其实，孩子是个独立的个体，他有自己的思想、意识和行为。在家庭内部，情绪和感受是会互相感染的，而且孩子对不和谐的家庭氛围会格外敏感。因此，父母不必刻意掩饰事实，自欺欺人地哄骗孩子，制造和谐的假象。

最好能够主动为孩子解开他心里的谜团，告诉孩子这不是他的错，只是爸爸妈妈在一些事上意见有些不一致，但会努力处理好的。让孩子不会因为想不通而产生过多的联想，影响身心健康。

2. 不把孩子当缓和关系的工具。

除了不应该忽视孩子的情感，父母更不应在双方产生矛盾时让孩子充当调解员，把孩子间接变成自己发泄情绪或平衡心理的工具，或当成缓和双方紧张关系的工具。否则，孩子就不得不成为父母关系不好的受害者，无法按自己的想法来表达自己，还会面对超出自己解决能力的问题。这会导致他压抑自己的需求，且很容易产生情绪障碍，难以形成健全独立的人格。

3. 学会觉察孩子的情绪和状态。

很多时候，父母之间的矛盾会影响孩子的情绪，他们可能会哭闹，或是在言语上有叛逆的表现。父母会强迫孩子听话，虽然孩子表面上变得乖巧懂事，但他其实已经压抑了自己的感受和情绪。因此，父母要及时觉察孩子的情绪，与孩子保持沟通，让孩子的情绪自然流动。

孩子就像一棵幼苗，对父母有明显的身心依赖，父母不仅要提供孩子成长的养料，还要提供有利于孩子身心健康成长的安全环境。

# 父母吵架，为孩子的亲密关系埋下隐患

文：JK 不二子

知乎上有一个 96 万讨论量的话题：父母吵架对孩子的心理健康影响大吗？在各种答案里，我们看到了很多在父母吵架环境中长大的孩子所经历的痛苦，以及父母吵架对他们长大后的深远影响。其中有的人性格有缺陷，不知道怎样和人相处；有的人缺乏安全感，处世悲观，自卑，不自信；有的人感受不到家庭的温暖，日后对亲情淡漠；有的人不再相信爱情，选择不恋不婚……

有人说，父母吵架是大人的事，和小孩子没有关系，孩子还小，又听不懂。可是，真的是这样吗？

## 吵架的父母，会养出什么样的孩子

研究表明，几个月大的婴儿就已经能感受到父母的情绪了。听到父母的吵架声，孩子出于本能会收缩封闭神经，进行自我保护。这种痛苦感受的刺激，会影响婴儿的听知觉、视知觉发育。

那么，父母吵架对孩子的伤害到底有多大呢？

1. 父母吵架，孩子容易沦为家庭系统中的牺牲者。

父母吵架，看似只是语言的争辩，其实是双方情绪的对抗，这些情绪承载了太多负能量，影响了家庭系统的稳定。

家庭治疗大师莫瑞·鲍恩曾提出一个概念——家庭关系三角化，即通过第三者的介入来转移两个人之间的冲突，而原先的二元冲突并没有解决。孩子是家庭情绪系统中最敏锐的部分，所以孩子常常充当了这个第三者。当感受到父母的焦虑和冲突时，孩子会自动补位，试图通过自己的“力量”把父母重新联结起来。所以，有的孩子会自己制造问题，希望引起父母的关注，从而把父母的注意力从夫妻冲突上转移开。于是我们看到，有的孩子因为父母吵架而哭闹，选择不上学或者变得叛逆。此时，孩子就成了父母吵架的牺牲品。

2. 孩子长大后，容易成为亲密关系中的受害者。

一般说来，父母吵架大致有两种类型：

一是感情破裂的攻击式吵架。为了离婚，来回拉扯，往往会用最恶毒的语言攻击对方。二是感情尚可的争辩式吵架。为了一点琐事，一定要争谁对谁错，失控的情绪让家里弥漫负能量。

无论是哪种吵架，对孩子的伤害都不容小觑，不良的生活环境会给孩子造成心理创伤，而有些创伤终生难以愈合。

朋友小兰，今年 30 岁了，是个知书达礼的好女孩，却至今单身。这些年里，小兰有过几段亲密关系，但都无疾而终。在每段亲密关系中，她都全心付出，很为对方着想。如果出现冲突，她一定会牺牲自己。好几次都谈婚论嫁了，但最终都是莫名其妙地突然分手。直到她和我聊起童年，我才知道她的问题出在哪里。

在小兰的记忆中，她小的时候，父母一直不断地吵架。父亲外向，喜欢交朋友，家里的事基本不管。母亲性格内向，是典型的包揽家务的家庭妇女。父母经常为了一点生活琐事吵个不停。

虽然父母的价值观明显不同，经常为鸡毛蒜皮的事争吵，但他们从来不提离婚，就这样不咸不淡地过了几十年，彼此都习惯了。父母每一次吵架，小兰都会躲进卫生间，她觉得是自己不够好才导致父母吵架，自己是父母吵架的根源。因此，小兰从小就在心里埋下了一颗“自己不可爱，不值得被爱”的种子。这些她的父母当然都不知道。

为了获得父母的爱，小时候小兰努力做个乖小孩，长大以后则一切都听从父母的安排，在工作生活中也总是委曲求全。小兰每一次谈恋爱，一边渴望得到对方全心全意的爱，一边又害怕对方不够爱她；一边渴望结婚，一边又担心会重走父母婚姻的老路。

在现实生活中，有太多像小兰这样的人，因为看多了父母吵架的互动模式，所以潜意识里不愿意谈恋爱。他们既不觉得结婚会幸福，也不知道该如何和爱人相处。太多夫妻彼此已无感情，但为了孩子不受伤，仍辛苦地维持着婚姻。

父母认为自己这么做是为了孩子好，事实上对孩子的伤害反而更大。正如一句话说的，童年心灵受伤的孩子小时候是个小大人，长大后就是个大小孩。

## 怎么做，才能降低吵架对孩子的伤害

美国一项历时十七年的心理研究发现：夫妻闹矛盾时，吵架可能更有益身心健康，压抑愤怒的夫妻日后的死亡率是表达愤怒的夫妇的五倍。吵架是夫妻表达内心感受和需求的一条途径，也是探索自己和对方内心的一种方式。从某种意义上来说，吵架是夫妻间试图重新联结的一种方式。但是，吵架也是一种艺术，夫妻双方都需要了解吵架的目的并掌握表达的技巧，才能降低对孩子的心理伤害。

1. 学习觉察与共情，尽量避免吵架。

生活中的大多数吵架以争对错开始，内容可能都是一些生活琐事。比如，几点回家吃饭之类，刚开始只是想指出对方的错误，讲讲道理，讲着讲着，后来就吵起来了。其实，争吵只是因为彼此站在各自不同的立场，从某种程度上来说，谁都没有对错，只是看问题角度不同而导致出现分歧。争吵本身并不会伤害夫妻感情，伤害夫妻感情的，是对争吵不恰当的联想。然后，为了证明对方是错的，双方嗓门越来越大。我们不得不承认，吵架有时候就像夫妻间一场必须决出胜负的比赛，会让人上瘾。聪明的夫妻会有意识地避免“谁是谁非”的话题，而更多地使用“选择”这个概念。

比如我选择这样的观点，或我选择那样去做，我的选择并不等于我是对的，不过也没有暗指对方是错的，只是选择不同而已，这样沟通起来就会让彼此变得轻松许多。如果双方多一些觉察、多一些共情，求同存异，吵架的概率就会降低。

2. 吵架之后，用爱的语言去修复。

事实上，夫妻之间不吵架是不现实的。如果实在忍不住在孩子面前吵架了，一定要记得在第一时间安抚孩子，比如给孩子一个温暖的拥抱、一个真诚的道歉，以缓解他紧张不安的情绪。同时告诉孩子，爸爸妈妈不应该在他面前争吵，他以后可以提醒爸爸妈妈。最重要的是，吵架后父母要当着孩子的面和好，让他知道，爸爸妈妈还是相爱的，并且一直爱着他，这一点不会因为吵架而发生改变。

作家彼得·德弗里斯说："婚姻的价值不仅在于成年人孕育后代，也在于孩子会促进成年人成长。"孩子们因父母吵架而受的伤害，提醒我们向内看自己，不断成长。

作为一个正在育儿的母亲，作为一个从教多年的老师，我很赞同《陪伴式成长，和孩子一起成为更好的自己》一书中的观点：我们不是在养育孩子，而是在养育成年人。

我们若真的爱孩子，就把他当作独立的个体，尊重他们，呵护他们的心理需求。爱他们，如同爱自己。

# 孩子不是家庭矛盾的调停人

文：甜阁下

在家庭中，父母之间、父母与孩子之间关系的种种变化，都会影响彼此的关系。父母关系的好坏，以及父母处理彼此间矛盾的方式，都会直接影响孩子的成长。但是，很多父母并不能妥善处理双方的矛盾，而且在他们自己处理不了一些事时，有时还会径直让孩子加入到自己的麻烦中，让孩子为自己撑腰，替自己传话，分担自己的焦虑。这在无形中会给孩子造成很大的压力。

## 家庭关系中的“三角关系”

从小到大，小丽看到父母频繁地吵架，两人每次吵完都会冷战几天。在父母冷战期，个性相对比较懦弱的爸爸会避开妈妈的视线，私下找小丽，对她表达自己的愿望，希望她听话，要乖，不要惹妈妈生气，适当地去和妈妈说话，哄妈妈开心。小丽不明白，为什么不是爸爸自己乖一些，去跟妈妈和解。

小丽感到很为难，因为每次给妈妈传话时，她都感到妈妈余怒未消，把她当成爸爸的替身，对她发脾气。但是作为女儿，她又不得不接受爸爸的请求，尽自己的责任，去维系爸爸妈妈的关系。她说她既爱妈妈，也爱爸爸，不想看到他们在发生矛盾冲突的时候不去解决问题，让整个家庭气氛变得压抑紧张，这会让她感到害怕和无助。长大之后，小丽才理解到，爸爸想通过自己来缓和他和妈妈的关系，而她是爸爸唯一能找到的沟通桥梁。

通常，在一个家庭中，当夫妻发生冲突时，彼此会产生很多焦虑情绪。为了缓解关系紧张所带来的情绪压力，他们会很自然地选中孩子，让孩子成为协调彼此关系的小助手，从而形成了家庭情感表达的三角关系。焦虑情绪是造成家庭情感表达三角关系的最主要因素，而大多数婚姻问题都是这种家庭情感表达三角化导致的。

## 被迫进入三角关系的孩子

有的时候，孩子会被动卷入到父母的冲突中，成为父母婚姻问题的分担者，负能量的承载者。孩子不得不成为三角关系的一部分，或像父母婚姻问题的替罪羊，或被当成父母婚姻的筹码，以损害自己的独立性为代价来维持父母的关系。

小伟从小就看到爸爸对妈妈实施语言暴力，不仅数落妈妈家务没有做好，还嫌弃妈妈是农村出身，而妈妈也不甘示弱，会和爸爸吵架。作为孩子，小伟不可能为父母解决任何问题。爸爸妈妈闹得最凶的时候，妈妈会提到离婚，但爸爸不同意，还扬言如果妈妈离开他，她就永远见不到小伟。

小伟不仅要长期忍受父母恶劣的关系的压力，有时还会被卷入他们的“战争”。有一次，爸爸带着怒气问他：“你到底想跟谁过？”小伟忍着眼泪说：“希望爸爸妈妈一直在一起。”

时间长了，小伟变得心事重重，不愿意与人交往，很难开心起来。父母关系不和，且不在内部沟通解决，反而把孩子拖下水的这种做法，显然是不受孩子欢迎的。孩子不仅成为父母情绪投射的工具，还变成父母争相拉拢的情感联盟对象，从而陷入左右为难的困局。为了回应父母的焦虑情绪，孩子不得不压抑自己的成长需要，艰难地去适应这个三角关系。

### 主动卷入三角关系的孩子

除了因为矛盾重重而把孩子拉进三角关系替自己承担焦虑的情况外，父母也要留意孩子主动卷入三角关系的情形。小艾在无意中发现爸爸和一个阿姨的秘密，感觉如遭晴天霹雳。她既不希望妈妈知道这件事之后难过，又认为妈妈应该知道。结果她不知不觉地关注爸爸的行踪，查看爸爸的信息，还在脑海里想各种解决方案，以至于上课时无法集中精力，夜晚偷偷哭泣。

看爸爸不顺眼的时候，她会突然和爸爸发脾气；看到妈妈给爸爸做饭的时候，她也会阴阳怪气地说一些让妈妈听不懂的话。小艾已经把父母之间这种不能说的秘密，当成了自己需要去背负的责任，并通过自己的努力来维持家庭关系。无形中，她过多地消耗了自己的精神能量，也承担了太多不应该由她去承担的责任，自然变得情绪化，而不再愿意听从父母的话了。

## 如何避免家庭关系三角化

父母如果希望孩子能够在好的环境中成长，就要留意到三角关系对孩子的束缚和拖累。为了解放孩子，父母要自己去面对问题，两个人自己去解决，避免让孩子当彼此关系的调停人，也别利用孩子来平衡自己的过失。因此，父母应该尽力做到以下两点：

1. 学习面对焦虑带来的压力。

个体在面对压力的时候，家庭总能提供一个环境，让人释放压力，但身为父母，不应该把自己的压力转移到孩子身上，让孩子帮自己过滤焦虑的情绪，否则会让孩子转向被迫承担维持三角关系的责任，会压抑孩子的成长需要。

父母需要学习处理家庭情绪，夫妻之间的冲突要由两个人共同商量解决，及时而积极地沟通才是情绪宣泄的最佳办法。

2. 增进彼此的亲密合作。

夫妻要有婚姻的共识，即两个人互为生活合作伴侣，目标一致，为了家庭和谐，共同抚养孩子，前提就是亲密关系要良好。

如果一个人总是抱怨另一个人，或者总是去挑剔另一个人所做的事，被抱怨或被挑剔的一方难免会想到去找一个帮手做裁判，这种时候孩子就不得不上场了。

三个人的立场等于没立场，不仅问题得不到解决，反而会让孩子饱尝身处夹缝左右为难的困扰。家庭的小环境总是容易让所有成员误以为，大家同甘共苦就需要所有人为同一件事共同犯愁和焦虑，这才显出团结的力量。事实并不是这样的。父母有自己的使命，孩子有自己的使命，父母最好不要制造麻烦，让孩子跟着一起受累。

一个讲究平衡的家庭，既注重利益共享，也尊重互相独立。父母要承担自己的责任，为孩子撑起一片快乐的天空。

## 婚姻大战中，如何保证孩子的利益优先

文：周小宽

对孩子而言，如果不完整的家庭、不再相爱的父母将伤害和影响他的人生，那么当家庭分裂，父母从夫妻变成敌人后——

孩子不得不在心理上与爸爸或妈妈硬生生地分离；孩子不得不去仇恨自己的爸爸或者妈妈；孩子不得不默默怀着对另一个人无尽的思念，背负着巨大的内心冲突而长大。

这将会对他的人生和人格形成造成更大的伤害和影响。所不同的只是：

第一种伤害和影响是父母不幸婚姻的自然产物，当父母婚姻结束后，这种伤害可以在父母的共同努力下减到最低。

第二种伤害和影响则是一个或者几个成年人犯下的"罪行"，逼迫孩子永远不见自己的爸爸或妈妈，不允许孩子继续去爱自己的父亲或母亲，将孩子当作自己报复对方的工具。这种伤害孩子、扭曲孩子人格的方式，远比所有在婚姻和感情中的"不道德"都

更为不道德。

## 离婚本没那么可怕，是成年人把它变得可怕

与其让孩子在一个父母争吵或者常年冷战、彼此怨恨的环境中成长，还不如父母厘清彼此的关系，抛开婚姻中夫妻的身份，回归各自的人生。这样，孩子不用在父母之间承担黏合父母婚姻的义务，可以单纯地做一个孩子。

从心理学上来说，孩子不介入父母婚姻，只是作为孩子、作为一个被照顾者单纯地长大，对他健康人格的形成非常重要。而孩子一旦卷入父母的婚姻斗争，成为维持父母婚姻稳定或一方制衡另一方甚至一方报复另一方的工具，那么孩子的内心就会掺杂很多远超过他年龄的东西，孩子会被迫过快地成长，从而影响其健康人格的形成。就像我们常看到的很多“小大人”，在该做孩子的年龄介入了大人之间的情感和关系，变得好像大人一样，特别懂事，但这对孩子来说其实并不是好事。因为这种“懂事”可能是以损害孩子的人格和自我作为代价的，是一种心理发育的异常。

我们可以想象一下小树苗的成长。根据植物生长的规律，树苗春天萌芽，每年按一定比例慢慢成长，经过数十年长成参天大树。孩子就是父母种下的一棵小树苗，如果父母的婚姻出现问题，他们所能做的最好的事，就是将问题框在两个成年人的关系里，而尽力让你们种下的这棵小树苗继续按照他自己的节奏成长。

说得直白一点，如果不幸的婚姻已经是无法逆转的现实，如果你们已经无法给孩子一个完整的家庭，那么你们应该尽全力和前任伴侣一起，努力让孩子继续做一个孩子，不要让孩子去承担婚姻解体、夫妻关系破裂的后果。

## 讨伐另一半和保护孩子，你怎么选择

随着离婚率的攀升，离婚时成年人如何保护未成年的孩子，在某种程度上已经成为比如何建立自己的亲密关系更为重要的议题。因为对孩子来说，童年创伤将贯穿他的整个人生，渗透到他的价值观和未来的所有关系里。悲哀的是，在一段失败的婚姻里，我们总是看到一方在血泪中控诉另一方，却很少看到哪一方能在第一时间照顾到孩子的情绪和感受。

在离婚大战中，当离婚双方只想着讨伐对方时，孩子就会成为他们最顺手且有效的工具，我就遇到两个很真实的例子。

第一个例子，男女双方结婚若干年后，男方有了外遇，在被妻子发现后，男方提出离婚。此前，双方的关系已经很糟糕，七八年间两人一直在不同的城市生活，而在两人异地生活期间，孩子都是由男方和孩子的奶奶在照顾。在男方提出离婚后，女方非常愤怒，她通知男方，离婚可以，但是她要立刻带走孩子。因为孩子的抚养权问题，两人最后闹到法院。男方提出上诉，希望得到孩子的抚养权，并表示愿意净身出户，将名下所有房产给女方。但女方不肯让步，放话说绝对不会让他好过，坚持要夺回孩子的抚养权。由于男方是过错方，他的抚养权诉求想得到支持很有难度。而一旦失去孩子的抚养权，就意味着孩子不得不离开他生活了十二年的城市，离开一直照顾他的父亲和奶奶，去新的地方适应新的生活，这肯定会对孩子带来一定的影响。最后的诉讼结果不得而知，但我希望孩子不要离开他熟悉的环境。

另一个例子似乎更悲伤一些，是我的一个来访者。她的父母在她 13 岁时离婚，原因是她妈妈被发现有外遇。当时所有人都指责她妈妈是一个不守妇道的女人，不配做母亲。于是她被安排跟随父亲，并开始和不熟悉的奶奶一起生活。

她说："我特别想念我的妈妈，晚上每每想到她就会哭，但是我不敢哭出声，因为在我爸爸和奶奶家里，每一个人都说我妈妈是坏人，我的姑姑姑父、我的表哥表姐，他们都是这样。我不能和任何人说我还爱我的母亲。当他们骂我妈妈时，我很想回嘴，我觉得我妈妈也很可怜，那不全是她的错，可是我不敢出声，不敢帮她。我恨我自己，什么也做不了。我也恨她，为什么要在外面找男人。"那一段生活给她带来人生中重大的创伤，导致她的亲密关系一直出现很多问题，婚后不幸福，最终促使她诉诸心理咨询来调整自己。

在这两个例子里，我只看到了一个或几个成年人去讨伐和报复那个背叛婚姻的人，却并没有看到他们去保护和安抚那个受父母不幸婚姻影响的孩子。

## 离婚时，如何保证“孩子利益优先”

这两个例子促使我们去思考一个问题：当婚姻破裂时，两个成年人要优先处理的是作为父母如何安抚和照顾孩子，还是作为婚姻中的男女去追究谁背叛了谁、谁伤害了谁，要如何报复和惩罚对方才痛快？

如果你爱你的孩子，如果你能意识到，相对于你在婚姻中遭受的伤害，你的孩子比你更为无辜、脆弱，更需要保护，你就会知道你需要优先处理孩子的问题，以孩子的利益而不是以为自己讨回公道为先。这是父母对孩子应尽的义务，跟亲密程度、道德无关。

我们都知道，内心健康、人格稳定才是一个人一生中最大的财富。如果夫妻双方已经走到必须离婚的那一步，那么怎么做才能保证孩子的利益优先，保护孩子的心理健康呢？

1. 不要连缓冲期都没有，就将孩子带到完全陌生的环境，让孩子离开他的养育者。不因离婚而让孩子的成长环境和照顾者出现大的变动，这是孩子安全感的基石。

2. 不要将孩子当作一个东西、一件家具，在离婚时将他与另一方彻底分开。关注孩子的情绪和感受，让他表达他的想法，共情他、理解他。孩子在你面前讲述他想念爸爸或妈妈时，无论你多么讨厌那个人，你都需要去接纳和承认孩子的这种情感，向他表明这种情感是被允许的，是正常的。

3. 不要让孩子和你一起去憎恨你的伴侣。你的伴侣伤害的是夫妻关系，但是他 / 她仍然是孩子的父亲 / 母亲，孩子天然会爱自己的父母，不要人为地用道德去审判，去阻止孩子爱父母。不被允许爱自己的父母，孩子会在心理层面出现让他难以调整的冲突，进而形成人格问题，影响深远。

4. 要分清你和对方的关系、对方和孩子的关系是两种不同的关系。第一种关系只涉及你和对方，第二种关系则只涉及你的孩子和对方。不要把孩子裹挟在你的感受和判断里，给孩子营造一个能去感受、整理对父母的感情的空间，并保护好这个空间。

我不会祈愿这个世界每一个孩子都有完整的家庭、相爱的父母，因为我知道这不可能。但是，我希望，在父母不幸的婚姻中，在父母婚姻解体的痛苦里，孩子能够在一个被保护的环境里继续健康成长，继续自由地爱自己的爸爸、妈妈，继续做一个孩子，不卷入大人的战争。如果父母努力，这是可以做到的。

# 父母处理婚姻的方式，是孩子处理冲突的模板

文：甜阁下

看到一组数据：与往年相比，2017 年结婚率下降 7.5%，离婚率上涨 10.3%，而且 90 后离婚案件占法院受理离婚案件总数的 1/3。从高离婚率来看，我们的婚姻已经从过去“稳定压倒一切”的价值观快速向“因理解而分开”过渡了，我们结婚或离婚都是为了让自己更幸福。

但是，当婚姻难以维持时，很多人都有相似的担忧——离婚会不会对孩子造成伤害？为了孩子，我们要不要假扮恩爱，等到孩子中考 / 高考 / 成年了再分开？

## 父母凑合过未必是对孩子好

有了孩子，离婚就不再单纯是两个人的问题了。夫妻之间关系恶化，双方都要互相忍耐，有时甚至是互相折磨，其间殃及孩子在所难免。有个工作了三年的女生说，这几年来，她已经无数

次劝自己的爸妈离婚，但一直没有结果。其实她爸妈在刚结婚的时候就没少吵架，后来她爸爸下岗，脾气变得越来越暴躁，经常骂到气头上就会动手。她妈妈也想过离婚，但念及孩子，也没动真格的。她妈妈认定单亲家庭会对女儿造成伤害，影响女儿未来择偶，所以一直劝说自己忍耐。于是，他们就这样吵着、闹着、打着过了二十多年。但这个女生却觉得，这种家庭氛围更让人受不了。她说："在这样的家庭里真是受罪，上初中的时候我就仔细想过：父母痛快一点离婚，有什么不好呢？既然不幸福，为什么非要凑合着过呢？我可以照顾好自己。说是为了孩子才不分开，在我看来就是借口。现在我对谈男朋友根本提不起兴趣，因为我根本不知道怎么相处才算是正常的亲密关系！"

有时候，孩子的一些问题往往是父母婚姻的副产品。过得不幸福却努力凑合的父母只看到了家庭形式上的完整对孩子的好处，却没有看到日积月累的家庭冲突对孩子心灵的慢性侵蚀。

## 伤害孩子的，是父母之间的疏离和冷淡

"离婚了，影响最大的是孩子"，这对父母来说无疑是一种精神恐吓，导致很多处在婚姻解体边缘的人，"为了孩子"而不得不选择维持完整家庭的外壳。不难发现，在这样的婚姻难题里，绊住夫妻做出离婚决定的，恰恰是他们自己的恐惧。人们对独立生活有着自觉或不自觉的恐惧心理，独立生活会让人们感到不适、

不安。

在咨询中，我听到很多来访者提到，婚姻再糟糕都不想离。对他们来说，婚姻就像一把保护伞，提供他们安身之处，一旦离婚，而孩子又不跟着自己，一个人孤苦伶仃，未来的路怎么走？

对于无法适应独身生活、害怕面对孤独的人来说，孩子是最好的逃避离婚的理由。这时，身为父母，一定要意识到：婚姻的结束不代表个人生活的结束，如果真心想对孩子负责，首先要对自己的人生负责。作为成年人，如果在处理自己的感情上一塌糊涂，那么也就无法给孩子树立生活的榜样。

育儿专家们也提到，对孩子来说，最大的伤害不是父母离婚的事实，而是父母在争吵、打架、冷战过程中表现出来的疏离和冷淡。所以，我们不必迷信“离婚会给孩子造成伤害”的思想，要切实衡量离婚对孩子的好处，而不是在充满冲突的婚姻里，让孩子无意间扮演拯救者的角色。就像前面那个女生，为了拯救自己的妈妈，想方设法地劝妈妈离婚，同时自己也成了父母婚姻的受害者。

## 如何最大限度地减少离婚带给孩子的伤害

离婚和孩子，二者并不一定是对立的，如果你的婚姻正陷于危机或正面临离婚的选择，就一定要注意：

1. 不对孩子隐瞒婚姻真相。

孩子有权知道父母是怎么想的，如果你能坦诚平和地把婚姻的变化告诉孩子，会有助于孩子接受现实。对于父母之间关系的微妙变化，孩子其实是很敏感的。如果父母自作聪明地想欺骗孩子，孩子反而会感到不安和焦虑，在猜测真相的过程中甚至会感到愤怒和弱小无助。换句话说，父母不要小瞧孩子的情绪智力，不要在人际关系上给孩子埋下不信任的种子。

2. 不去抹黑诋毁对方。

即使父母分开了，孩子也不想听到“你爸爸就是个浑蛋”“你妈妈是坏妈妈，她不要你了”这些带有抵触和敌对情绪的话。孩子很难接受这种扭曲父母形象的表达，尤其在不得不跟随其中一方生活的时候，孩子处在被迫站队的情境下，会感觉自己背叛了另一方，这无疑会给其造成心理创伤。

3. 不归罪于孩子。

关于离婚，有的父母会把孩子卷进来，他们说“还不是因为你不听话”“如果不是因为要考虑你，我们早就离了”。这种话对孩子的打击非常大。孩子会认为是自己没有做好，是自己的过错，才导致了父母离婚，这样的负罪感甚至可能会影响孩子一生。

4. 统一爱的教育。

父母虽然分开了，但仍然是孩子的父母。抚养孩子的一方需要鼓励对方继续关爱孩子，不去阻拦对方对孩子表达爱，也不要教唆孩子去恨对方，适时地帮对方尽养育孩子的责任。不和孩子生活在一起的一方，要通过合适的方式和孩子保持心理上的联系，不要让孩子误以为自己被抛弃了，要让孩子感受到爱，在心理上感到安全。

如果父母能把这四点做好，就能在最大程度上减少对孩子的伤害。

很多在单亲家庭中长大的孩子，在成长过程中并没有遇到大家以为的绕不开的问题，就是因为父母对孩子的教育态度一致，且给予孩子充足的爱。对婚姻双方来说，离婚后也要经历一个适应过程，在适应过程中，作为父母，不要忽略对孩子的关注，不要把孩子当成婚姻的筹码。

贾静雯在跟前夫争夺女儿抚养权的时候，就对女儿说过：爸爸和妈妈要分开了，但是因为我们都太爱你了，所以都想把你养在身边……

离婚本身并不会给孩子带来伤害，只有不懂得处理离异情感，夸大伤害，才会给孩子造成创伤。

父母只有认识自己、完善自己，不放弃追求幸福的机会，才能给孩子做出榜样。毕竟，父母处理婚姻的方式，就是孩子以后处理问题的模板。

# Part 2

# 最好的教育，
# 就是身教

# 最好的教育，就是身教

文：张德芬

当我是孩子的时候，社会风气对于“儿童教育”还不那么重视，所以父母在养育孩子上很少花心思，管吃管睡、供他上学读书就够了，什么课外活动、心理建设、兴趣发展，根本别提了。

现在的孩子非常难养，这也是为什么现在的生育率越来越低。父母养育孩子，几乎花尽了心思，就怕孩子“输在起跑线上”。其实，这样养出来的孩子未必是最好的，很多父母在养育孩子的时候越界了，让孩子痛苦、压抑，反而不能成长得最好。

如果说亲密关系最好的状态是志同道合的朋友，那么亲子关系最好的状态是什么呢？我认为是师生。

## 父母和孩子的师生关系

1. 最好的教育就是身教。记得有一次我和女儿开玩笑说：“你们将来长大如果不孝顺，我就只有自己一个人了。”她很认真地回答："我们亲眼看到你是如何对待奶奶爷爷和姥姥姥爷的，我们怎么可能不孝顺？"这就是身教的力量。

如果你想让孩子展现什么特质，只靠口头说说效果不大，最好是身体力行地呈现出来，否则，孩子表面上是接受了，但心里可能并不认同。

在能量层面，每个家族都有自成体系的完整能量，父母未能完成的课业，就会落在孩子身上，让孩子去完成。比方说，我以前是个对感情非常执着的人，对爱情很依赖，在我女儿青春期的时候，我就注意到她看的书都是和爱情有关。上了大学以后，她几乎都在谈恋爱，读书却不太认真。我说她，她就会幽默地回我："这是像谁呢？"我抗议："妈妈虽然喜欢谈恋爱，可是没耽误自己的功课和事业啊！"她笑着不说话，我也不追问了。

孩子大了，有自己的决定权。我虽然认为把大好时光花在谈恋爱上太可惜，但这是我此刻的想法，我女儿只有亲身去经历这些，才能得到并深刻领悟属于她的人生道理，我的经验对她而言终究是难以深入心底的。而且我也知道，当我自己把这门功课修好以后，她这方面的"课业"就不会那么重了，这是必然的。

2. 老师会循循善诱学生，支持学生往他们想要的方向发展，而不是硬性规定、中途拦阻。最近我接触了一些国际学校的老师，他们的教学理念就是：每个学生都是独一无二的个体，他们的发展是需要个别化对待并予以尊重的。

我问他们：“你们的学生都是要出国留学的吗？”他们回答：“学生如果想出国留学，我们就会支持他，提高他的英语水平，协助他申请国外的学校。”我一听，这好玩，难道这意味着学生如果想参加高考也是可以的？“是的，”他们说，“学生如果要参加高考，我们就会辅导他们做参加高考的准备。”

这才是真正的教育。做家长的也应该如此，尊重孩子，尊重孩子的选择。我有些朋友的孩子很早就出国留学了，于是我建议我的孩子高中时就去美国读寄宿学校，但他们都拒绝了。对于他们的选择，我完全接受。在少年期被尊重，有权决定与自身利益相关的问题的孩子，长大以后都比较自信，而且也比较能够成就事业、守住婚姻。因为他们没有受过打压，即便有了自主权，也不会“叛逆、反抗”。

有没有看过中年叛逆的男人？他们就是从小被父母控制，结婚后被妻子压抑，最后他们想为自己活一次，于是做出各种荒诞的叛逆行为。他们反抗的就是已经结婚多年的妻子——她代表着年少时候的母亲，也因此让自己陷入事业危机或面临家庭破碎。

3. 好的老师会尊重学生的想法，即便那想法再荒谬、再错误，他们也会倾听背后的缘由，好理解学生的情绪和心态。

我的一位好友跟我说，她正值青春期的女儿很难相处，常常因为一点小事就闹腾不休。于是我建议她：“下次女儿再为什么事情闹腾你、为难你的时候，你不要说什么，只要去同理她就好。”

所谓同理，就是说出对方的感受和需求，不一定要认同她或顺从她，只是理解她就足够了。

有一次，她女儿的好朋友原本答应周末要来她家过夜，结果却没来，她女儿就哭闹不休。要是以前，朋友会说："这有什么好哭的，人家有事嘛！下周还可以再约啊。"但这种回应方式只会让她女儿勃然大怒，闹得更凶。听了我的建议后，她带着很深的同理心回应说："是哦！这个人怎么这样，说好要来的嘛！要是我，也会很生气和失望的。"她回答得如此真挚且带着感情，她女儿听后，小眼珠子骨碌碌地转了几圈，居然就没事了。于是她趁机说："那妈妈带你出去玩吧！"女儿欣然同意。一场可能的大闹就这样避免了。

年纪越小的孩子，越需要被倾听、看见、理解。他们瞎闹胡搞，你就归于自己中心地看着他们，解读他们当下的感受和情绪，并且说出来："哦，我知道你很想要那个东西，那个真的很好玩……"接下来，再解释为什么现在不能给他们，或是表达理解他们的失望，这样，孩子感觉自己被听见和接受了，当下就能释放掉不愉快的情绪。

孩子都是很能活在当下的，情绪来去非常快，只有受到打压的时候，他们才会压抑情绪，为日后埋下隐患。

最好的父母，就是知道自己正确的位置，做好自己，以身作则，给孩子树立榜样，而不是把过多的希望、未完成的梦想、没消化的情绪放在孩子身上。

# 父母的爱是给予孩子最好的礼物

文：卢熠翎

成为父母是一件很简单的事，但是如何把孩子培养成身心健康的人却很难。所有父母都爱孩子，但爱的方式和方法不一样，也各有不同的成效。回首童年，很多成年人对父母有埋怨，甚至认为他们的婚姻、相处方式给自己的人生蒙上了很多阴影。

在我接触到的跟父母关系相关的个案中，很多来访者四五十岁了还不能接受父母，还在抱怨：为什么我不能做得更好，为什么我不能做自己，这跟父母曾经怎么对待我是直接相关的。

另外，在一项“谁是你最尊敬的人”的调研中，日本的调研结果是父亲排名第一，母亲排名第二；美国的调研结果是父亲排名第一，母亲排名第三。在中国的二十二所学校中，这项调研的结果却是：母亲排名第十，父亲排名第十一。而在一所学校做的另一项调研——“谁是你最讨厌的人”中，很多人选择了父亲和母亲。

为什么亲子关系会成为家庭中最紧张的问题，有几点原因：

第一是时代因素。现代生活节奏越来越快，未来充满不确定性，竞争压力大，父母在家的时间少，而独生子女又缺少玩伴，导致一些亲子关系出现了问题。

第二是压力因素。成年人有职业压力，导致他们在做了父母之后都想让孩子赢在起跑线上，对孩子要求很高，致使孩子早早就背负起沉重的压力，而这些压力最终可能会给亲子关系带来不好的影响。

第三是历史文化因素。受传统文化影响，父母抱持“孩子是我的，听话孝顺是天经地义的”观念，导致亲子间缺少良性平等的互动。而且现在的孩子越来越要求独立，这就直接导致亲子间因各自不同的文化价值观而容易产生冲突。

“上医治未病”，亲子关系是孩子一出生，父母就要思考的问题。在思考这个问题之前，父母要先搞清楚什么是亲子。事实上，亲子包含三层含义：

一、亲子是一层关系，即父母和孩子如何建立、维护彼此的关系，并让其获得良性发展。

二、亲子是一种塑形，即父母养育孩子的长期工作，从孩子出生开始到长大成人，父母给予孩子引导，把其性格当中最美好的一面发掘培养出来。

三、亲子是孩子健康成长的土壤，而这个土壤的基底是和谐的家庭，并非什么具体的养育技巧或方法。

父母的爱是父母给予孩子的最好的礼物，如果父母用好的方式爱孩子，孩子会感受到安全感、价值感、自信、快乐，更容易成长为积极抗压、自律成功的人。父母关系和孩子的财富关系、健康关系、亲密关系是紧紧相连的，而且父母对孩子的爱是没有办法替代的。

父母不恰当地对待孩子会给孩子造成最深的创伤，有时候父母无意中说出的一句话会让孩子感觉自己被否定，并作用很长时间。因为孩子对土壤营养的吸收是不加分辨的，只是像海绵一样吸收父母的信息。

父母可以给予孩子最多的爱，也可以带给孩子最大的创伤。父母的情绪、能量、价值观、相处方式是构成亲子土壤的成分。父母拥有的能量，无论是好是坏，都会以某种形式影响孩子。

## 亲子关系的八大误区

1. 过度保护。有些父母总是夸大外界的危险，处处行事小心翼翼，虽然给孩子提供了最大化的保护，却也剥夺了孩子探索世界、认识世界的机会和乐趣，反而更容易让孩子受到伤害，适应能力更差。

2. 超级保姆。有些父母几乎包揽了所有孩子应该自己做的事，如背书包、包书皮、挤牙膏等，根本不给孩子自己动手的机会，让孩子难以养成独立生活的能力。

3. 苛刻、完美主义。这一点在妈妈对女儿的教育中非常常见，什么都要争第一。可想而知，这会给孩子造成多大的压力。父母对孩子过度苛刻只会适得其反，事与愿违。

4. 操控。有些父母并不要求孩子做到最好，但要求孩子必须听自己的，打着“为你好”的旗号，安排孩子的一切，不让孩子有一点自主性。在这种环境下成长的孩子，内心会不断积累不满，然后在某个时间点爆发出来。曾经有个案例，有个妈妈用尽一切办法让女儿练钢琴，有一天女儿就说：“我一定会考过钢琴十级，但是考完后我不会再碰钢琴。”过度操控，最终把亲子关系变成了一种对抗。

5. 贬低、羞辱。在孩子表达愤怒、拒绝的时候，很多父母会通过贬低或羞辱孩子来达到让其控制自己情绪的目的，而不是同理他的感受，并进行疏导。

6. 暴力、威胁。为了让孩子听话，有的父母奉行的是“棍棒底下出孝子”，而有的父母则恐吓孩子说“做不好让警察来抓你”。这种狼爸虎妈的操作只会带来两个结果：（1）孩子彻底被打压下去；（2）孩子在某一天突然爆发，亲子关系极度恶化。

7. 反依靠，站队伍。在夫妻冲突中，有些父母自己没有足够的力量，反而依靠孩子，让孩子站队，将两人对抗变成三角力量的博弈和均衡。

8. 放任。放任跟放手是两码事，放任是只关心孩子是不是活着，不管孩子的精神信念、价值观。父母不管孩子，把孩子扔给爷爷奶奶照顾，这些都是放任。被放任的孩子在家庭里没有核心支柱，就会在社会中去找精神支柱，遗憾的是，这些精神支柱大多数并不健康。

## 建立健康亲子关系的六大原则

1. 家庭是亲子关系的土壤。

目前，50% 以上家庭都把亲子关系看得比夫妻关系重要，其实这种排序是错误的。正常的排序是亲密关系先于亲子关系，即夫妻关系要比亲子关系重要。在这个前提下，亲子关系才有可能健康。

很多女人生完孩子之后，会把精力全部放在孩子身上，把老公丢在一边不管了，这就导致夫妻关系紧张，进而整个家庭的关系都会出现问题。排序不对，土壤不对，孩子就无法学习到正常的爸爸妈妈该怎么相处。

另外，现有家庭优于原生家庭。也就是说，你与伴侣和孩子组成的这个小家更重要。有的夫妻跟父母住在一起，不可避免地会产生冲突，比如婆婆和媳妇对立。这时候，第一序位是丈夫，有最重要的决策权；第二是妻子，第三是孩子，然后是公公婆婆。

谁的家谁做主，夫妻双方要共同捍卫这个序位。

2. 关系大于教育。

听上去很简单的一句话，但是经常会搞错，良好的亲子关系要走在教育的前面，不然所有的教育都会变成冲突和对立。不懂得这个原则的父母就像魔鬼训练营一样，把教育变成争夺控制权的战争。父母给孩子空间，给孩子爱，孩子愿意跟你相处，愿意听你说话，教育才有落脚点。

3. 父亲和母亲最重要。

在孩子的成长过程中，父母是孩子的第一教育人，要对孩子的一生负责。在孩子的培养中，尤其是对男孩子的培养，父亲的缺位，会造成亲子关系里父亲的缺失，因缺少阳刚能量的陪伴，有些男孩成长为妈宝男，逃避承担责任。

4. 亲子之爱是唯一指向分离的爱。

培养孩子的目标是让孩子成为他自己，而不是成为父母的影子或父母生命的延续。这就要求父母做到：第一，不能过度掌控孩子，给他充足的犯错冒险机会，让他在探索世界的过程中，学习能力，发现自己；第二，设定清晰的目标，把孩子培养成什么样的人，这样可以避免焦虑和无谓地浪费时间。

5. 无条件的接纳是爱的礼物。

所谓无条件的接纳，是允许孩子做他自己，接纳孩子独特的灵魂。父母可以引导孩子，但不能强迫他。不要因为自己不成功，就去要求孩子做到什么。只有不够爱自己的人才会在孩子身上孤注一掷，自己过得不如意，就把赌注押在孩子身上。

6. 生活才是真正的教育。

亲子之间每天的接触陪伴都是教育。6 岁之前是孩子成长最关键的阶段，拥有一个快乐的童年才能让孩子真正赢在起跑线上。这期间，父母最关注的应该是培养孩子的品行习惯。在孩子上小学之前，父母可以通过生活中的每件小事情去引导他。要知道，素质教育不是掌握多种技能，而是能力、情商、逆商等综合素质的培养，这些可比技能知识重要一百倍。

建立有效的信念，也就是“我认为世界是怎样的”，才是父母给孩子最重要的教育。

## 合作式育儿，扮演好家庭中的角色

文：茗荷

孩子小的时候，每晚睡前都缠着我讲绘本故事，其中有这样一个画面：吃过晚饭后，爷爷和爸爸坐在沙发上看电视，奶奶在扫地，妈妈在洗碗，孩子在玩玩具。

作为一名母亲，看到这个画面时很有感触，我们一贯认为，家庭里的分工就应该如此，但其实也不尽然。

我的爸爸就是一个非常温暖的人。在家里，他是那个经常做家务的人，每天下班回家都会抱抱我和妈妈，非常耐心地给我们做好吃的饭菜。与妈妈追求高效、稍显急躁不同，他总是非常耐心地听我说话，再积极地回应我。在他的眼中，我身上的优点很多，他也经常温和地鼓励我。

因此，我和爸爸的沟通一直很顺畅，关系也很融洽，爸爸身上的很多优点至今仍影响着我。在大多数眼中，男人主内就是不上进的表现。但在我看来，这个观点其实已经过时了，尤其是在孩子的教育上，父母双方的分工最不需要的就是“固化”。

## 女性在育儿上，不一定主内

在我们的认知中，大众对“好妈妈”“好妻子”的角色要求很高，很多时候，一个妈妈如果不擅长干家务、照顾孩子，会被家中长辈或丈夫指责。而男性如果只负责家庭的经济来源，缺席家庭中的教育孩子、干好家务等分工，就很正常。在这样的观念下，爸爸就会习惯缺位和逃避，导致妈妈在工作之余，还要操心各种家庭事务，抱怨和焦虑与日俱增。

比如，我们经常听说的“丧偶式育儿”，就是爸爸妈妈不能合理分工的表现。看过一则报告，在 30 岁以上的单身大龄女性中，47.1% 的人已经购房，并且 74.2% 的女性受访者表示她们买房时没有接受伴侣的资助，约 29% 的人表示是独立购房的，没有要父母和伴侣的任何资助。

同样有数据显示，中国女性的劳动参与率世界第一，远超很多国家的男性。

这些数据说明，女性经济实力大幅攀升，在育儿方面早就不是只主内的角色。如果我们不能够很好地改变认知，积极适应，家庭内部就容易冲突不断，对孩子的成长也十分不利。

我的一个闺密就是这样，每天加班到很晚回家后，还要全身心地投入辅导孩子作业的任务中，压力可想而知，而她老公却一直当着甩手掌柜，为此，两个人经常吵翻天。孩子经常身处这样的家庭环境中，自然也变得没那么开朗了。

闺密很不爽：这时候还有人告诉我“妈妈的情绪是一个家庭最好的风水”，每天各种操心，还怎么开心？

我接触到很多个案，不少人是在“妈妈带娃，爸爸缺位”的环境中长大，从而导致了各种问题。可见，不平衡的劳务分工，很容易让一个家庭失去和谐与平衡。随着社会的发展，父母双方承担的家庭社会角色正在模糊化，在养育孩子上，父母的合理分工是十分必要的。

## 什么是合理的父母分工？

记得看《爸爸去哪儿》时，黄磊和女儿的互动给我留下非常深刻的印象。在黄磊的心中，妻子和孩子的角色是分得清清楚楚的。他虽然工作非常忙碌，但是从他发的微博来看，他不仅经常掌勺，也极大地参与并陪伴着女儿的成长。在他们的共同培养下，多多成长为一个多项才艺突出、快乐、温暖的女孩。

2015 年 10 月，多多为法国动画电影《小王子》中的小女孩一角配音；2017 年 7 月，她亮相巴黎某品牌服饰大秀，像颗小星星一样，在自己成长路途中，慢慢发光发热，越发明朗。

一阴一阳谓之道，在孩子的成长过程当中，父母双方其实也是一个阴阳和合的过程，但这个“合”并不是说阳刚、积极、有力量的部分只由爸爸提供，阴柔、变通、柔顺的部分只能由妈妈来提供，更多的是强调两种力量的配合、补充，而这两种力量，是父母双方共同配合的结果，不是由一方提供的，也不是依靠性别来进行分工的。尽管男女在生理、心理方面都有一些天然的差异，但许多学者都更主张从“人”的角度，而不是从性别上去突出差异和特点。

换句话说，在育儿问题上，我们更主张根据夫妻双方的特质来做分工，在家庭中扮演不同的角色，在养育事务上进行具体分工。比方说——

1. 动手能力强的一方可以多陪孩子动手做 DIY 活动，让孩子在游戏中学到知识，增长智慧，增强动手能力；擅长书本学习的一方，可以把一些比较优秀的学习习惯和方法教给孩子，让孩子提高学习效率。

2. 擅长人际沟通的一方可以多带孩子见识一些不同场合，让孩子从大人身上自然去吸收和学习，而性格内敛、比较专注的一方可以带着孩子专注于自己喜欢的东西，培养孩子其他方面的能力。

3. 工作较为忙碌、挣钱能力更强的一方可以多承担点经济负担，而另外一方在意见达成一致的情况下，也可以多关心孩子的起居和学习。当然，夫妻双方需要明白这并无高下之分，只是满足家庭内部需要的分工。

家庭教育中的“分”“合”，不是单一的角色扮演，而是家庭成员教养方式与理念的有机结合。我们所提到的“合”指的是爱的合一，并不是说双方在育儿过程中不可以产生分歧，具体的形式可以探讨，可以不一致，但是背后的精神滋养和爱的灌溉却是一致的，而我们所说的“分”更多的是强调每个人根据自己的特质来进行合理的分工，需要淡化、放弃一些角色期待。

在亲子关系日益成为中国家庭最重要关系的现实面前，或许，我们需要深深明白：育儿并不容易凭借一己之力完成，需要夫妻双方共同重视和真心付出，这种付出既包括经济上的支持，也包括精神上的爱与滋养。无论是在职场上雷厉风行的妈妈，还是在家温暖掌勺的爸爸，都是值得真心赞美和尊敬的。

# 没大没小，让家充满人情味

文：杨思远

有一次，我去朋友家做客。她做了一桌饭菜，满脸幸福地说，鸡蛋羹和土豆泥是她 9 岁的女儿做的。我尝了一下，味道很不错。朋友说，昨天加班回家喝到女儿煮的热粥时，感觉自己成了被照顾的那个。

朋友女儿的乖巧独立，自然和父母的引导分不开。比如他们会一起商量五一出行的地点和清单，允许女儿出谋划策。

在家庭教育中，很多父母总会不自觉地觉得自己是“老大”，“放着我来”“你懂什么”“大人说话小孩子别插嘴”，是常挂在嘴边的话。命令的口吻、不屑的语气，影响的不只是家庭氛围，还有孩子的健康发展。

## 只懂做“老大”的父母，会培养出什么样的孩子

小孟是我的一位来访者，马上要读研一。她找我咨询的时候，

说了这样一件事："父母让我回家考公务员，我考了。其实我不想考，我都考上研究生了，而且我对公务员也不感兴趣。但我不敢说，怕被骂。"

一个22岁的成年人怎么会连自己是否参加公务员考试都没有办法和父母正常沟通呢？和小孟深入交谈后，我发现，她之所以如此胆怯，其实就是因为她的父母只懂做"老大"。在她的记忆里，小时候经常被骂，考不好被骂、穿衣服速度不够快也被骂、外出玩时说想吃路边的烤红薯还是被一顿批评……在父母的眼里，小孟永远应该是"乖乖听话"的孩子，而不是一个有自我意识的独立个体。

小孟不是个例。在我的咨询案例中，由于父母一心注重自己的权威，缺乏对孩子的尊重，导致孩子出现心理发展性创伤的案例比比皆是。在只懂做"老大"的父母教育下长大的这些孩子，通常都有一些共同的人格发展迟滞，比如——

1. 不敢展现真实的自己。

由于没有获得父母足够多的尊重，所以即便长大之后，他们也不太敢在人际关系中展现真实的自我，他们的自体很虚弱，通常会戴上人格面具，用假我与外界进行联结。

2. 形成回避型依恋。

只懂得做"老大"的父母，其实很难和孩子共情，也看不见孩子真正的情感需求，这会让孩子在情感上觉得自己很不重要，从而内心极度缺乏安全感，在亲密关系的建立上，也会形成回避型的依恋模式。

3. 总觉得“我是错的”。

特别注重权威的父母，更多的是批判式教育，这会让孩子在潜意识下形成“我是错的”的自我认知。长大之后的他们，带着这样的模式，无论是在生活中还是在工作上，都会退缩不前，缺乏勇气和胆量。

## 只做“老大”的父母，是在焦虑自己

前些天，有一位家长找我咨询，是关于孩子做作业拖延的问题。她说：“小孩一年级，每天做作业总很拖拉，一会儿做这个，一会儿做那个，就是不做作业。我总忍不住骂他，怎么办才好？”我首先回复道：“那要看孩子为什么拖拉，是不是在学校经常被骂，导致他对学习有对抗情绪？”

那位母亲马上说：“不是啊，儿子是班长，老师经常表扬他。”听后我笑着说道：“那这孩子没问题啊，他自己能搞定的，你不用管了。”这位妈妈听完后，似懂非懂地离开了。

一个 8 岁的孩子，自我意识其实已经发展得很完善了，想做什么、不想做什么，或者该做什么、不该做什么，他自己其实清楚得很。孩子能担任班长，常被老师表扬，说明他的社会功能发展良好。而他拖延，其实和我们大人做工作会拖延是一样的，就是有点懒，想多玩一会儿。

面对这种状况，这位母亲之所以会骂孩子，是因为她体验到了很大的失控感，这让她很焦虑。这恰恰是因为，她没有把孩子看作一个独立的个体，而是把他视为自己的一部分。

心理学上有一个词叫“共生关系”，指的是母亲和孩子没有完成分离，互相处在生死相依的状态。在这种状态下，母亲会因为害怕失去孩子而感受到焦虑，而孩子会因为体验到过度控制，感受到压抑。大多数父母，之所以要做家庭的“老大”，其实在某种程度上，都是和孩子处在“共生关系”的状态。对孩子的焦虑，其实都是在焦虑自己。在这样的关系里，没有爱，有的只是控制和剥夺。

## 好的父母，懂得尊重孩子的独立性

一个 17 岁的少年，在暑假里，负责接待身为大学教授的父亲的一个学生。他带着这个学生在自己的家乡闲逛。经过两个月的相处，他蓦然发现，自己好像爱上了对方。可糟糕的是，这个学生同样是个男孩子，而且马上要离开了，这让他陷入了失恋的剧痛中。如果你是这位父亲，会怎么做？这是电影《请以你的名字呼唤我》里的情节。

电影中，父亲没有指着儿子的鼻子臭骂，而是表达了共情和尊重，告诉他：“请你感受你所感受到的，你有过一段美好的友谊，也许超越了友谊，我很羡慕你。”无论是共情还是尊重，其实都源于这位父亲相信自己孩子的独立，他知道孩子有权利选择属于自己的人生，他更相信孩子能够过好自己的人生。

面对这样的父亲，孩子可以看到自己是被理解的、被支持的，也更能发展出独立的自我意识，更加自信乐观。

## “没大没小”，是最好的亲子关系

在尊重孩子的前提下，父母也可以偶尔做回孩子。和孩子建立平等关系，真正地玩在一起。邓超、孙俪一家也是“没大没小”的典范。孙俪在微博上曾晒出儿子的表白信：“我的爸爸又大又笨，哈哈哈哈。”女儿小花还曾给邓超的头上扎满了小辫，戴上发夹和小花。邓超直呼：“求您放过我吧！”

和孩子们一起游玩，孙俪说自己是全场最“嗨”的，幽默中带着欢脱。网友代替妹妹评论道：我的妈妈真不省心。而有些父母，不仅不能和孩子平等交流，甚至把孩子想要建立亲密的行为当成“过分”，一句“怎么这么没大没小”就切断了和孩子之间爱的流动。

幸福的家庭，父母都不装自己是“老大”的，他们懂得放手，让孩子去探索这个未知世界；他们懂得保有童心，和孩子一起尽情欢愉；他们更懂得尊重，让孩子去选择自己的人生。

关于父母和孩子的相处，我赞成汪曾祺在《人间草木》中说的：我觉得一个现代化的，充满人情味的家庭，首先必须做到的，就是“没大没小”。

# 活出孩子钦佩的样子，你就成功了一半

文：周丽瑗

最近看到一个暖心的视频，一位医生父亲因为夫妻俩工作忙碌，缺少对5岁女儿的陪伴而产生了愧疚，写了一篇《风吹大的孩子》，文字深情感人、质朴情真，也表达了无数“双医家庭”在事业和家庭间无法两全的无奈，引来了大众的共鸣、点赞转发。

当别人家的孩子还在被窝里做着香甜美梦的时候，5岁的小家伙已经在当医生的父亲催促下不到2点起床了，不为别的，只是因为当医生的妈妈在医院值班，当医生的爸爸也要去医院加班急诊手术，孩子只能带去值班室，让值班的护士帮忙照顾。甭管孩子乐不乐意，整个医院的人几乎都知道这可怜的孩子是谁！

——选自《风吹大的孩子》

与这个视频同时引起我注意的还有在《春晚进行时》，王菲献唱，她的女儿窦靖童发了一条微博说：看见没？这是我妈。

王菲给女儿的成长环境并不是我们常人所理解的“稳定”，但女儿简单的一句话，却道尽了对妈妈满满的骄傲和爱意。

每一位为人父母者，看着年幼的孩子都想尽量抽时间给予她最好的陪伴，尤其是现在，我们知道父母的陪伴以及家庭的完整对孩子的人格成长起到多么重要的作用以后，在原来的无奈上又增加了一层焦虑：

“我陪伴的时间不够，她会不会缺爱？”

“我不能离婚，就算假装，也要给孩子一个幸福的家庭。”

“我必须把所有的重心转移到孩子身上，才能给孩子最好的人格基础。”

这样的声音越来越多，背后是越来越焦虑的父母。诚然，如果父母有充裕的时间可以陪伴在孩子身边，那是最好的，但比这更重要的，是父母能否给孩子活出榜样的力量。

## 当父母为了自己的人生而奋斗，孩子也会有力量成长

大家都知道奥巴马的身世，他在年幼时就经历了父母分离，跟着自己的白人母亲生活。虽然他的母亲非常坚强，并曾信誓旦旦地说要把奥巴马培养成美国总统，但比她的豪言壮语更重要的是，她并没有把自己所有的时间都花在孩子身上去成就那句誓言，

而是努力活成“总统母亲”应有的样子。她把奥巴马带到夏威夷和外祖父母生活多年，外祖父母也给了奥巴马稳定的爱和很好的教育。

同期，她留在美国攻读博士学位，等到奥巴马长大点后才把他接回了身边。

如果按照常规的理解，奥巴马的童年经历是具有问题家庭的典型基因的：父母带来的种族差异，离异家庭对他的影响，长期与母亲分离所造成的内心缺失。

但奥巴马不但在事业上取得了成功，在家庭和婚姻经营上也倾注了很多的精力和爱，赢得众人称道。由此可见，即使父母不能一直在身边，但只要孩子身边有稳定的爱的资源，这样的滋养就是充分的。

这里的稳定指的是，孩子身边有人带着爱在照顾他，父母有稳定的时间和状态去陪伴孩子，让孩子知道，在相应的时间内就会看到父母，不要让孩子失望。同时，适当地分离也是给孩子空间成长。

健康的家庭是充盈着爱的，同时也懂得分离。世界上所有的爱都是为了相聚，而唯有爱孩子是为了让他更安全地离开父母的怀抱，去融入社会。只有父母为了自己的人生去努力了、去奋斗了，才能有空间让孩子以自己的力量成长。

## 让孩子看到父母的爱，是他未来力量的来源

父亲和母亲的状态都会给孩子带来榜样的力量，但两者的影响稍有不同。

父亲在给孩子树立榜样方面有两个重要的功能。

1. 父亲的托举功能：带孩子看到更远的世界。

我们在小的时候都跟父母玩过这样的游戏：爸爸用他有力的臂膀把我们举得高高的，一次又一次，我们渴望被爸爸举起来看世界的刺激，伴随着这个刺激的也有一些担忧和紧张。而妈妈在一旁看着这个似乎只有爸爸才能玩的游戏，虽然很高兴，但脸上也时不时地流露出紧张。

这个简单的游戏对我们的成长有特殊的意义：我们从爸爸的一次次托举中看见了更大的世界；从妈妈眼里看到了骄傲和紧张，这让我们知道，有妈妈的爱和关注，我们很安全。这就是父亲的托举功能。

2. 父亲的英雄功能：给孩子以力量。

父亲还有一个功能，叫作英雄功能。我们每个人在很小的时候，都会感觉自己的父亲是英雄。那时候我们弱小无力，但父亲能轻松地打开了易拉罐、啤酒瓶盖，有这样的英雄在身旁，我们感觉无比安全。

但心理成长到一定阶段的时候，我们渴望超越父亲，在一定

的阶段，我们甚至会觉得父亲没有我们小时候想的那么厉害。如果在这个阶段，父亲是无所事事的、消极度日的，那这个父亲就从孩子的心理上永远地被超越了，并且由于这个英雄形象的幻灭，孩子也无法从父亲那里获得力量。

还是以奥巴马为例，他的父亲虽然背弃了母亲，但他从美国回到肯尼亚以后，依然在政坛活跃，事业上做得风生水起，这也成为奥巴马在20多岁后想前往肯尼亚寻父的原因。后来，他父亲遭遇意外离世，但他的政治抱负却被奥巴马继承了下来。

对孩子来说，母亲最重要的影响，来自她的情绪状态。

曾经有很多妈妈问我：担心孩子与自己分离时的撕心裂肺会给孩子造成创伤，这应该怎么办?

父母们必须了解的一点是：一个人的成长包括了先天气质和后天养育，而在后天养育里还包括一部分社会经历。也就是说，一个人的性格并不是由单一的、固定的原因造成的，孩子可以通过自己的经历去实现某一个目标，而正是这些经历让他们形成了自己的人生观。

孩子很容易受到母亲情绪的影响，是因为母亲的情绪往往起伏比较大，如果母亲全身心地扑在孩子身上，情绪的出口就只能是孩子。

## 父母最好的状态，是活出自己

当一件事情发生时，如果妈妈刻意放大它的负面效应，那孩子也会渐渐形成消极的思维，而且容易钻进固定的问题里打转。正确的做法就是在了解孩子感受的基础上，让孩子接受现实，并看到现实的积极意义。“妈妈知道宝宝想要陪伴，妈妈要上班赚钱就不能全天陪着你，不过妈妈一定会想着你，下班第一时间回来陪你。感谢宝宝支持妈妈去上班。”我们要向孩子传递的是爱和感激，而不是满满的歉意。

不管是王菲还是奥巴马的母亲，她们不管有没有带孩子，都把人生的重心放在自己身上，同时还保持稳定的情绪，与孩子保持很好的情感联结。

网上有这样一番对话——

父亲：“知道吗，当林肯像你这样大时，他可能是班上最好的学生。”

儿子：“知道的，父亲，但他像您这么大时，早已是美国的总统了。”

希望孩子能走多远，就先要求自己走更远；希望孩子攀多高，你就应该要求自己站得更高。最成功的父母，就是“活出孩子钦佩的样子”，在生活和精神上做孩子的领路人。

# 父母“秀恩爱”，让孩子拥有爱的能力

文：JK 不二子

知乎上曾经有个问题：父母天天秀恩爱是什么样的体验？

有位答主详细地描述了父母在日常生活中的细节，看得人好生羡慕。

“比如，妈妈下班回家会跟爸爸撒娇：老公我好累啊，想要抱抱。有时候我爸会不好意思地看我一眼，然后就抱我妈。我妈想吃水果了也撒娇：老公我想吃苹果了。我爸就开始削皮。”

虽然有时这会让他这只单身狗有点“不爽”，但心里又满是安全感和幸福感。

每次看到父母相爱的这种故事，我就会忍不住地嘴角上扬。在这样的家庭中长大的孩子，总是散发着独特的光芒，他们更懂爱，更会表达爱，也更会接受爱。因为，父母相爱就是对孩子最好的养育。

## 父母相爱，让孩子成长得自信包容

家庭治疗大师萨提亚说，夫妻是家庭的建筑师。父母恩爱的家庭，就像一个温暖的巢，给孩子足够的安全感。曾经蝉联《纽约时报》童书畅销榜冠军一百二十周的小说《奇迹男孩》，讲述的就是这样的故事。

伊莎贝尔和内特是大学同学，非常相爱。婚后，他们生了漂亮乖巧的女儿维娅。后来，儿子奥吉的出生打破了一切的平衡。因为基因突变，奥吉天生面部畸形，尽管做了二十七次整形手术，但他的模样还是会吓到别的孩子。

夫妻俩并没有放弃这个特殊的孩子，为了呵护奥吉，伊莎贝尔放弃事业，在家教儿子。整整八年，夫妻俩用最温柔的爱去让孩子正视自己的特殊性，接纳不完美的自己。原本脆弱自卑的奥吉，成长为一个充满自信的孩子，因为在他身后有一个美满和幸福的依靠——一个相亲相爱的家。

在现实生活中，我发现身边那些能坦然说出“我的父母很相爱”这句话的人，身上几乎都有同样的特质：自信、包容、乐观，待人真诚热情，情绪稳定。

## 父母相爱，让孩子拥有爱的能力

心理学家诺费奥说：父母恩爱是给孩子最好的礼物。因为父母的相处模式，是孩子最开始接触和了解爱情与婚姻的入口。父母是孩子浪漫意识和性自我的建造者。孩子每天观察到的和所经历的事情会在不知不觉中沉淀到记忆里，成为他们日后的生命运行模式。

不管是男孩还是女孩，都会在父母的相处模式中学到该如何跟异性相处，因为这是他们最早看到的两性关系。

杨绛在《我们的钱瑗》中写到有一次她和钱锺书带女儿去饭店吃饭，女儿钱瑗看到邻桌的一对父母在吵架，很感慨地对父母说："我一直觉得父母恩爱的小孩很幸运，因为她见过好的感情是什么样的，从而拥有了对健康的爱的敏锐嗅觉，然后就知道怎么往正确的方向跑。所以，我特别感激爸爸妈妈，因为你们相亲相爱、琴瑟和鸣，所以我觉得自己是个幸运的孩子。"

相爱的父母身体力行地影响着孩子的家庭观，在父母恩爱的环境中长大的钱瑗，便学会了怎么去爱一个人、一个家庭。

钱瑗的第一段婚姻结缘于大学同学王德一，婚后夫妇俩的婚姻生活非常幸福。后来，丈夫被人诬陷含冤而死，之后几年，她一直过着单身生活。

在第二段婚姻中，钱瑗成了两个正值青春期孩子的继母，她用自己真诚的爱"征服"了叛逆的孩子们。每到周六，钱瑗都会买好吃的给孩子们吃，会专门为他们去买那时候很稀罕的小吃点心。

作为英语系教授，钱瑗的工作很忙，平时几乎没有时间看电视。为了不跟孩子们有代沟，钱瑗会偷偷提前看好电视报的节目介绍，然后饶有兴致地与孩子们讨论电视剧情节。

钱瑗因病去世后，继女、继子撰文怀念她："和母亲钱瑗一起生活的二十多年，是我们一生最幸福快乐的日子。"对于孩子来说，父母就是他们的镜子：父母是什么样子，他们就会学成什么样子。

钱锺书和杨绛一生恩爱，给孩子树立了相爱的榜样，让她相信这个世界上存在美好而长久的感情。一个孩子内心有温暖的爱之光芒，成年后无论生活怎样，都更懂得如何爱。

## 让孩子看到相爱的父母

心理学家诺费奥做过一个调查，结果发现："弱夫妻关系、强亲子关系"的家庭，其子女的婚姻失败率是"强夫妻关系、弱亲子关系"家庭的三倍，子女出现心理问题是前者的五倍。

夫妻关系应该是高于亲子关系的"家庭的定海神针"，如果夫妻感情和睦，那么这个家庭就会稳如磐石。一旦家庭核心——夫妻关系出现了问题，孩子肯定会受影响。可是，在中国绝大部分家庭里，亲子关系是凌驾于夫妻关系之上的，比如那些苦熬着等孩子高考完才离婚的父母。

朋友 Andy 生了孩子后，为了更好地陪伴孩子成长，选择辞职在家带娃。Andy 的老公时不时地在我们面前抱怨，自从有了儿子，老婆就“移情别恋”了，根本不关心他。

连 Andy 自己也承认，每天的时间都不够用，二十四小时“伺候”儿子，已经自顾不暇，哪里还有心思顾及老公。

在现实生活中，有多少人像 Andy 夫妇，做了父母就忘了如何相爱?

美国学者西奥多·马丁·赫斯伯格说，作为父亲，你能为你的孩子做的最好的事情，就是爱他们的母亲。尤其是在孩子 3 岁前，孩子的成长需要母亲付出极大的爱，给予孩子生理和心理上的照顾。在养育孩子方面，父亲的作用可能远远不及母亲，但是这个阶段父亲有更重大的责任，就是给予母亲更多的支持，尽可能地照顾滋养身心俱疲的母亲。当妻子感受到丈夫的爱和分担，她的心会变得柔软，心情也会舒畅。妻子情绪稳定，就能宽容地对待身边的每个人，营造出愉悦、温馨的家庭氛围，让孩子得到更好的成长。

为人父母，应在日常生活的点滴细节中营造和谐温馨的家庭氛围，把美好的感情分享给孩子，让他们从父母身上学到各种爱的能力。

不要介意让孩子看到父母相爱，因为，父母相爱，是父母能给孩子的最珍贵的生命礼物。

# 为人父母，育人先育己

文：JK 不二子

有一个短短十秒的视频，看得我心情久久不能平静。一辆大型货车在运送橘子途中，出现了交通事故。司机原本打算把车上的橘子贱卖，刚开始也有好心人买，当人越来越多的时候，就发生了哄抢，还有家长带着孩子一起抢。结果，价值八万元的橘子，司机只收回了九千元。

面对偶遇的需要帮助的司机，在场的成年人原本应该教孩子如何助人为乐，现实却是领着孩子趁火打劫，这究竟是在给孩子怎样的教育？孩子对这个世界的认知、三观的建立，都直接来源于父母。当父母带着孩子去抢橘子，有的孩子就会认为“抢别人的橘子”没有错，因为他们觉得父母做的都是对的。

现在大多数的父母都为了孩子的未来日日焦虑，恨不得什么都给他最好的，恰恰忘了，父母品行上的言传身教才是给孩子的最好的教养。

## 你是怎样的人，孩子就是怎样的人

人智学研究发现，7 岁之前的孩子是一个全然的“感知器官”。他们的全身就像一只大眼睛，会对环绕在他们周围的人产生一种印象，而这种印象会传入孩子的全身血液循环系统及新陈代谢系统。

有一位妈妈带着孩子坐飞机，怕 1 岁半的孩子在途中吵闹，特地给周围的乘客准备了糖果和耳塞。她还在糖果袋里放了一张卡片，上面打印了一段话：“您好！我是来自宁波的 Wendy，我刚刚 1 岁半。这不是我第一次出门旅行了，可是独自带我的妈妈还是担心我的哭闹会打扰到您，毕竟飞机气压变化会让我感到很烦躁。在公共场合打扰别人的可不是好孩子，我会尽力保持安静的。这里有耳塞和小糖果，希望能减轻你的困扰。Wendy 祝您旅途愉快哟。”

看了这段暖心的文字，我想，即使宝宝会有些吵闹，周围的人也会谅解的。对于这位妈妈的用心，1 岁半的孩子可能还无法真正理解，但是看得出这位妈妈平时就是一个有修养的人，不愿给别人添麻烦，注重公共礼仪。孩子耳濡目染，自然更乖巧。孩子不是学你说什么，甚至不是学你做什么，而是通过你的言行去学着成长为一个真正的人。

父母在孩子面前所表现的一切，都会一点一滴地被转化融入他们的身体、灵魂。这种内在印象决定了孩子发展的倾向，以及他们未来一生的身心健康。

## 父母的一言一行，孩子都会照单全收

曾经看过这样一则耐人寻味的故事。有一户人家祖孙三代同堂。母亲老了，走不动了，儿子和儿媳觉得她是一个负担，决定把老人丢弃到大山里。一天晚上，他们叫上儿子，一起把老人装进一个大竹篮，抬进大山。当他们正准备把老人扔下不管时，他们的儿子在旁边说："爸爸妈妈，你们把奶奶丢在大山里，这个大篮子就不要丢了。"

这夫妻俩感到很奇怪，问儿子："为什么要把篮子带回家？"儿子回答："等你们老的时候，我还要用这个大篮子抬你们进山啊。"这夫妻俩听了，立马慌了，赶紧把老人抬回家，精心伺候，再也不敢不孝敬母亲了。

模仿是人类行为的基本来源。父母的一言一行，孩子都会照单全收。只有当孩子自我意识越来越强大，渐渐形成自己的内在价值观，才会对父母的言行产生疑问。

## 最好的言传身教，是和孩子一起成长

有句话说：父母是原件，家庭是复印机，孩子是复印件。父母的说话方式、做事方法和思维模式，都直接影响着孩子。从某种意义上说，父母无时无刻不在塑造着自己的孩子。因此，只有好的言传身教，才真正有利于孩子的成长。

“好”有两层意思：“正”和“进”。

第一层意思：“正”，就是父母心中有正确的价值观和道德观。比如：

植根于内心的修养，无须提醒的自觉，以约束为前提的自由，为别人着想的善良……

父母好比上梁，孩子好比下梁，上梁正了，下梁就不会歪。

第二层意思：“进”。

有个段子，说有个孩子因成绩不好，被妈妈骂笨鸟。孩子不服气地说：“世上笨鸟有三种：一种是先飞的，一种是嫌累不飞的。”妈妈问：“那第三种呢？”孩子说：“这种最讨厌，自己飞不起来，就在窝里下个蛋，要下一代使劲飞。”

童言无忌，要想孩子优秀，父母最好不断精进自己，在孩子面前做好榜样，努力让自己做到最好。

我有个朋友是钢琴老师，从小爱音乐，但是受到家庭条件的限制，直到40岁才有机会圆自己的音乐梦想。当年，她从零开始学钢琴、美声、乐理。公司里很多人对她冷嘲热讽，可是她坚持白天上班，晚上练琴学习。

为了练琴不影响周围邻居睡觉，她自制了木板琴键，把毛巾垫在所谓的键盘上，每晚练习指法，手指都练出茧来。后来，她获得了当时最权威的钢琴教师资格证，毅然选择辞职，做音乐老师。

一开始没有生源，她就到几个幼儿园教授钢琴课。不管路多远、报酬多低，她都坚持去，从来不挑课。就这样，她摸爬滚打积累起一批批自己的学生。十几年来，她几乎每天都从白天忙到晚上，几年不买衣服，过着节俭的生活。

她的儿子小时候读书并不用功，也不愿学钢琴。后来儿子看到她的改变，深受触动，在短短时间里考过了钢琴十级。现在子承母业，也成了一名优秀的钢琴老师，每年带教学生考级，通过率很高。

好父母，永远不会停下成长的脚步。在孩子成长的同时，自己也变得更好。正如杨澜所说："别把劲儿都使在孩子身上，如果自己充实、快乐，有责任感，有情绪管理能力，孩子会模仿你的。"

优秀的孩子并不是一出生就优秀，而是在成长中受到了更多正向的引导，父母的精进无形中会影响着孩子，让孩子情不自禁地去模仿父母，从而逐步变得优秀。孩子不仅会复制父母的行为，更会复制这些行为背后的品格、修养、原则、格局。

孩子是上天送给父母的一份礼物，孩子给了我们一个作为成年人、作为家长去学习和成长的机会。所以，为人父母要育人，必先育己；不仅要教育孩子，更要自我教育。

# 父母如何说，孩子才肯做

# 父母的肯定，是孩子应对世界的底气

文：若杉

## 不被父母肯定的孩子，心里有多苦？

电影《闪亮的风采》演绎了一个不被父亲肯定的孩子如何被摧毁的故事。这部电影是根据澳大利亚钢琴家大卫·赫夫考的真实故事改编。

影片的主人公大卫·赫夫考，从小在钢琴上展现了过人的天赋。父亲彼得是他的启蒙老师，对他要求严苛，极尽控制之能事。大卫对于父亲彼得来说，是梦想延续的工具，更是可以随意操控的棋子。父亲从小想学音乐，却遭到家人反对。于是，成年后的他把学音乐的期望寄托在了儿子大卫身上，要求大卫必须赢，要挑战世界上最难的曲子。

在父亲的控制下，大卫每天都在练琴，他在音乐上的天赋得到了越来越多人的认可。但是，大卫看起来并不快乐，他永远蜷着身子，缩着脑袋，软弱、呆滞、顺从。随着大卫的天赋被越来越多的人认可和欣赏，他有了去国外进修学习的机会。但是，父亲还有另外一个坚不可摧的信念：一家人必须在一起。

第一次，是美国。父亲，拒绝了。

第二次，是英国皇家音乐学院。这次大卫第一次说出自己的心声：“我长大了，我能自己做主。”

但这一次自己做主的代价，是与父亲的彻底决裂。父亲告诉他：“如果你去，你将不再是我的儿子。你将会终生受到惩罚。”

一边是心爱的钢琴，一边是父亲的反对。坚持了自己选择的大卫，在英国学习钢琴的日子，每一刻都在挣扎和冲突中度过。

但是，他一直记得，父亲曾说，如果他弹出世界上最难的曲目《D 小调第三钢琴协奏曲》，会为他感到骄傲。后来，大卫真的做到了，演出空前成功。演出后，他抱着最后的希望回家，希望与父亲和解。

他打电话回家，说：“我回来了。”父亲一言未发，挂断了电话。这一次希望的破灭最终压垮了大卫，他患上了精神病，住进了医院。

这是一个用尽毕生力气都无法逃出父亲的控制、无法得到父亲肯定的孩子最后的选择。

## 为什么父母的肯定对孩子如此重要?

父母的肯定，到底对孩子有多重要?

一方面，“人本脆弱”。当我们做出某个选择，或者下定决心做一件事情时，不管外表表现得多么笃定，内心多多少少都有几分忐忑、几分不确定。这个时候，我们急需一个外力来支持自己。而最亲近的父母，无疑是最有力的支持。相反，如果得不到父母的肯定和支持，我们内心的脆弱会加倍放大，我们带着这份脆弱去前行，去争取想要的生活，自然是无力的。

另一方面，我们从家庭中走出，带着父母的价值观、教养方式成长起来，自然有着某种“共生”关系。在这种紧密联系的“共生”中，如果孩子选择了父母不赞成的路，就会产生两种心理状态：一种是觉得自己背叛了父母；另一种是觉得自己不够好，始终无法满足父母的期许。这两种心理状态，无论是哪一种，都会造成一个人内心的冲突。一边是想要的事业与生活，另一边是最爱的父母，无论怎样选择，都会面临着放弃自己最重要的东西。结果便是，轻则纠结，精神痛苦，找不到自己的路；重则就像大卫·赫夫考，走向了精神崩溃。

我们看到很多人，哪怕取得了常人难以企及的成就，受到了无数人的鼓励和夸奖，他依旧不快乐，甚至感受不到自己的成功。因为他的内心始终是冲突的，冲突不会带来愉悦，而没有愉悦的成功，又有什么可以期许的呢？父母的肯定，不仅能让孩子获得应对世界的信心和勇气，也能让他获得内心的愉悦。这种肯定，胜过千万种成功。

## 父母的肯定，让孩子安心做自己

我第一次见来访者荣的时候，她像一个帅气的小伙子，一身中性的打扮，戴着帅气的鸭舌帽。她对我说，她其实一点都不喜欢这样的打扮，更不喜欢女同事半开玩笑地伏在她身上说：“帅哥，娶了我呗！”我问她：“既然这么不喜欢，为什么要这样打扮？”

她说：“因为母亲从来不允许我打扮，她觉得女孩打扮太漂亮会影响学习，也会招小男生，会早恋。”

10岁那年，她看别的女孩都有漂亮的花裙子，缠着姥姥买了一件，刚刚穿上身，就被母亲狠狠地训斥了一顿。从那以后，几乎每次她穿颜色鲜艳的衣服，得到的总是母亲的苛责。于是她再也没有穿过裙子。

荣说，因为母亲的话，她内心一直住着一个自卑的自己，好像穿得靓一点，就是一种背叛。她既想要变美，又想要母亲的肯定。

在我的建议下，荣和母亲深谈了一次。荣说，那一天，她好像回到了10岁，跟母亲哭着说：“我想穿好看的裙子，我好想做个漂亮的小姑娘。”母亲第一次意识到，自己当年不经意的行为，给最爱的女儿造成了多么大的伤害。

荣说，母亲向自己道了歉，她们紧紧地拥抱在一起，压在她心头的那块沉沉的石头终于没有了。“以后，我终于可以安心做个女孩儿了。”她说。

# 虎妈猫爸，观念不同，爱要一致

文：茗荷

游乐场里，3 岁的滔滔因为一件玩具被差不多大的孩子抢去，跟对方发生了争执。滔滔抢不过那个小朋友，委屈地跑到妈妈身边哭了。妈妈一看孩子哭了，紧紧抱住孩子，低声安慰他。过了一会儿，滔滔破涕为笑，继续玩耍去了。

回到家的时候，妈妈跟爸爸说了这件事情，爸爸一听，不太高兴：“干吗不抢回来？你是个男子汉，男子汉要有男子汉的样子，为什么一点事情就哭？”

“我抢不过他！”

“抢不过就放弃了？这怎么行？”

妈妈看滔滔一脸茫然和委屈，好不容易安抚下的情绪又要被爸爸调动起来，赶紧上去拉着滔滔说：“没关系，我们不用跟他计较，不就是个玩具吗？”

爸爸一听，有些上火：“什么玩具，就是因为你一直如此，孩子才胆小得像个女孩……”

滔滔看到爸爸气势汹汹的样子，“哇”地哭起来。妈妈使了个眼色，爸爸才赶紧停住了嘴。

上面这种场景，是不是看起来特别熟悉，几乎每天都能在生活当中看到——

爸爸给孩子吃糖，妈妈看到了一把就拿走。

孩子吵着要买变形金刚，爸爸同意了，准备掏钱，妈妈却对孩子说“你这次考到 A 再说”。跟玩具擦肩而过的孩子，情绪从欢喜变为委屈。

孩子犯错，妈妈说“没关系，这是难免的，下次要注意”，爸爸抄起家伙就想揍孩子：这可不是小错……

我们经常会听到“一个唱红脸，一个唱白脸”的教育方法，在这种理念之下，我们常常看到“严父慈母”，抑或是“虎妈猫爸”。这种理念大体上是说，在对待孩子的时候，一方负责严格教育孩子，强调权威；另一方则负责理解孩子，跟孩子站在一边。

从客观上来说，这样的教育方法也有合理之处，本质上是想强调孩子既需要得到尊重和理解，又需要了解规则，做事有所顾忌，不能为所欲为。这样在家中，孩子既有理解他的人，又有惧怕、能管住他的人，从而在放松和严格要求之间寻找一种平衡。

但是，需要警惕的是，不少人非常粗暴简单地理解了“红脸”“白脸”的意思，在这两个角色之间过分强调对立和分歧，很容易过分固执而误导孩子。

## 过分强调“红脸”“白脸”，对孩子有什么影响？

具体来说，过分强调“红脸”“白脸”的对立和分歧，很容易出现以下情况：

1. 造成孩子价值观和行为准则混乱。

法国经典电影《四百击》中，正值青春期的安东尼总是看到父母毫不掩饰地吵架，因此出现了一系列叛逆行为。面对孩子的叛逆，妈妈一味袒护他，哪怕他烧了家里的东西都帮忙掩饰，而继父则会严厉斥责他。

父母之间的这种巨大分歧一步步地把他推向了家外，他从一个喜欢写诗、才华横溢的少年，变成了一个偷窃、撒谎，想尽办法制造麻烦的少年，最后进了少管所……

在一件具体的事情上，年幼的孩子不一定分得清怎么做才是“正确的”“可以被允许和接纳的”，他的行为很多是出于本能。这时，作为养育者的父母的反馈就显得很重要，会或多或少地成为他行为的一种准则和标准。

如果爸爸妈妈的态度是完全对立的，那么孩子会一头雾水，无所适从，特别是当父母双方因为这件事情争吵的时候，孩子甚至会在心底认为是自己的错，导致爸爸妈妈争吵，从而充满自责和愧疚。作为自己生命中最重要的两个人，孩子既想迎合妈妈，又想顺从爸爸，内在的冲突会比较激烈，进而引发语言和行为上的一些反常表现。

为了避免冲突，做爸爸妈妈都喜欢的孩子，有些孩子还会主动把爸爸妈妈的需求放在首位，虽然他内心并不舒适，压抑了自己的很多真实需求。一旦孩子扛不下去或者找到机会，这被压抑的情绪就会爆发出来，惊到众人。

2. 容易让孩子认为父母感情不好。

在育儿问题上，父母双方是做战友还是做敌人，会深深影响到孩子对父母情感状态的判断。

身边有对朋友，丈夫寡言少语，比较冷，妻子开朗活泼，话比较多。二人搭配也很和谐。但就是在育儿问题上，两人经常有很大分歧。妻子认为丈夫过于内向，所以鼓励儿子参加口才训练，多学习表达，生活中也鼓励儿子多说话。但丈夫认为，行胜于言，经常对儿子说："一个男人，那么多话干什么？"

夫妻俩经常会因这种分歧发生争吵。久而久之，敏感的孩子认为爸爸妈妈感情非常不好。在一次作文当中，才刚上三年级的孩子写道："爸爸妈妈经常吵架，我真的好担心他们离婚。"

看到孩子的作文时，这对朋友惊呆了。实际上他们平时感情非常不错，只是在育儿问题上会发生争吵，他们没想到这会给孩子造成这么大困扰。自那之后，他们开始调整相处模式。

对年幼的孩子来说，父母通过言行所传达出来的信息会深深影响到他们，当父母彼此恩爱，有良好的沟通，爱才能在孩子心间顺畅流动。

3. 容易让孩子找方法破坏规则。

在父母观点对立的情况下，孩子是很难树立规则意识的。因为一个人教他遵守规则，另一个人却经常教他打破规则。

“把玩具收拾好了来吃饭！”

“先吃饭，等会儿再收拾！”

“今天的作业还没有做完，不能睡觉。”

“先睡吧，什么事都比不上睡觉重要！”

在这种长久的较量当中，孩子渐渐明白，规则不是一定要遵守的。因此，当他进入其他场合的时候，很容易成为那个破坏规则、不考虑他人感受的人。

为了避免孩子成为“熊孩子”，在强化孩子的规则意识上，父母最好保持一致。

## 父母在育儿上，如何做到“和而不同”？

在育儿的事情上，我们怎么才可以做到“和而不同”，不给孩子太多混乱的引导呢？太极图的设计阴中有阳、阳中有阴，阴阳和谐是圆满。这实际上是给我们一个很重要的启示：父母角色之间有差异，有不同定位，但整体是和谐一致的，共同用饱满的爱，为孩子创造一个安稳的空间。

1. 观念可以不同，爱要一致。

父母在具体的事情上观念可以不同，但请尽量在孩子面前保持一致。记得在一部美剧里看过一个场景，孩子抱着足球哭哭啼啼地找到爸爸说要去踢球。爸爸没有匆忙做决定，而是问："妈妈怎么说？"孩子说："妈妈说等我们吃完饭再去。"

爸爸立马说："好的，等吃完饭，爸爸就陪你去踢球，好吗？"

孩子看到父母意见一致，并且可以得到爸爸的陪伴，他很快就会冷静下来不哭了。

这个场景之所以让我印象深刻，是因为爸爸在与孩子沟通的过程当中，非常在乎太太的意见，从而不会损害太太在孩子心目中的地位。

夫妻双方态度可以不一致，但在大部分事情上要尊重对方的意见。针对具体问题，夫妻双方也可以事先商量出相对合适的一致原则。如果确实有需要表达不一致的地方，可以冷静而理性地进行表达，而不是情绪化地进行攻击或者是争吵。

当父母的沟通背后涌动着爱和尊重的时候，孩子自然能得到滋养。

2. 角色可以互换，需灵活变通。

有的家庭，爸爸过于严肃，或者把自己困在"养家者""权威者"的角色当中，与孩子的互动和亲密度不够；妈妈因为长期充当"理解者"和"照顾者"的角色，跟孩子过于亲密，长期下去，不仅亲子关系容易出问题，夫妻情感也容易产生问题。

在育儿这件事情上，我们更主张父母共同参与。在养育孩子的过程中，父母需要分饰不同角色，但可以更灵活变通一些。比方说，有时爸爸可以充当那个安抚者的角色，妈妈也可以充当那个强调规则意识的人。总的原则是，在爱的前提下，一起关心孩子的成长。

3. 在自由与规则之间共同探索。

有很多家长，特别是爸爸，非常担心妈妈强调“释放天性”把孩子惯坏了，或者认为孩子身上的臭毛病都是妈妈不强调规则惯出来的。实际上，双方如此争论可能都不如各自行动来得有效。

如果父母在生活中，既懂得尊重孩子的个人想法，给他足够自由，又懂得以身示范，尽力说到做到，做不到时也能放下顾虑，有正当合理的解释，孩子自然能学到如何在自由与规则之间寻求平衡。

总之，行胜于言，当你希望孩子成为什么样的人，你得先朝那个方向努力，多说无益。

## 管教孩子前，先看见孩子的需求

文：蘑菇姑姑

看王朔的书，他在书中讲了自己“怕父亲”的经历。

他说，有一次和朋友一起吃饭时，听到有人怒喊一声“王朔”。他以为是自己父亲喊的，听到后几乎昏过去，缓过来才发现那人喊的是“王师傅”。“对父亲的第一印象是怕。现在也想不起来因为什么，可以说不是具体的怕，是种感觉上的望而生畏，在我还不能完全记住他的脸时，就先有了这个印象。”

他在书里“吐槽”，当时大院里的一群小孩都“怕父亲”。因为父亲们往往都一样，发现你做点坏事，关门就一顿打。这个场景几乎成了一代人的心理创伤。

上一辈的亲子关系中，父母觉得自己是权威，在管教孩子上，自顾自地行使了太多强权，哪怕以牺牲自己和孩子的亲密关系为代价。即使孩子成年后，这种情感上疏离的状态依然很难修复。

## 严惩孩子，就能获取权威吗？

年青一代的父母，因受长辈的影响，心中或多或少有“反向认同”，想做跟自己父母完全不一样的“好父母”。然而，他们内心并没有可供模仿的理想父母模型，一旦“熊孩子”不听话，潜意识里拿着大棒的父母形象就跑出来了，有时候甚至不由自主地举起了手，完全不知道如何做“好父母”。但随后又因为自己没有和孩子平等交流，自责不已。

到底如何做，才能在不伤害孩子的前提下，树立自己的权威呢？除了让孩子“怕父母”，有没有别的可能？我想起了电影《放牛班的春天》，影片讲述的是一个音乐老师对一群“问题孩子”进行了“心灵改造”。

代课老师马修到了一所学校，这里都是令人头疼的孩子，他们被孤立在这所类似青少年行为矫正机构，类似于今天的“网瘾戒断营”，接受行为“改造”。学校老校长的一贯做法是不断地严厉惩罚，直到孩子屈从，但收效甚微。

马修老师没有这样做。他发现，孩子们身上有一种共同的特质——喜爱音乐。尽管他们行为乖戾，却都喜欢唱歌。于是他发起了一个项目，成立了一个合唱团，这群孩子，无论有没有音乐基础，都能参与。

开团那天，最小的孩子说“我什么都不会唱”，老师说：“那任命你为合唱团的团长助理。”有个孩子完全五音不全，老师任命他为乐谱架子……每个孩子都找到了自己的位置，感觉自己在合唱团里很重要。

在日复一日的排练、歌唱中，孩子们发生了不可思议的改变，音乐像一座沟通的桥梁，让他们敞开心扉，喜欢和大人沟通。孩子们对马修老师也都很尊敬。

由此可见，所谓的权威，绝不是靠训导和惩罚得来的。

## 父母真正的权威来自哪里?

其实，马修老师只做了一件事——让孩子们真正感兴趣，再把他们的兴趣引导到他们自己身上，建立起他们自己良善行为的正向循环。

他用无声的语言完成了跟孩子潜意识的“对话”，即告诉孩子们，无须再用自暴自弃的方式诉说自己是谁，而可以用正向的方式和大家联结在一起，比如一起演唱。

朋友的儿子数学经常不及格，她总是很恼怒，常常骂他不争气。慢慢地，孩子对数学有了排斥，还故意破坏课堂纪律。朋友拿他没办法，打了几次，孩子越发逆反，甚至朝她翻了好几次白眼。

后来班里来了新班主任，注意到了他所匮乏的自尊，建议朋友多表达欣赏和鼓励，让孩子有被接纳的感觉。

朋友决定调整自己的教育方式，开始注意孩子身上的优点，和他谈心，鼓励他，让他相信他可以做得很好。几个月后，孩子惹是生非的“反抗行为”有了出人意料的改善。

可见，坏行为背后一定有诉求，假如父母了解孩子的需求，就会看到他们真正需要的帮助在哪里，他们永远呼唤的是被看见，而不是被管教。

只有学会理解孩子的父母，才能在孩子面前更好地树立权威。简单的暴力惩罚只会让孩子困在“我是坏孩子”的认定中，暴力对其自尊的伤害会促使其做出更多的错误行为。只有让孩子真正感到“被看重”，才能促使他不断改善行为。

## 父母怎么做，才能有真正的权威?

怎么做，才能更好地理解孩子，树立父母真正的权威呢?

首先，最有效的谈话方式不是直接谈孩子犯的错，而是谈他眼前的困难。找出妨碍孩子正常发展的想法，他没注意的信念等，以他能接受的方式和他沟通。

其次，找到他的“兴趣”，并给予鼓励，就像马修老师找到的孩子们对音乐的兴趣。这是我们理解孩子，和孩子沟通的起点，而打消孩子兴趣的因素只有一个，就是对失败的畏惧。

心理学家常说，爱和管教是天平的两端，必须保持平衡。如果只有管教没有爱，管教就是暴力，不能形成亲密的亲子关系，不可取；如果只有爱，而没有管教，就是纵容和溺爱，依然不可取。真正有权威的父母会把管教建立在爱的基础上，让孩子在足够平等的沟通中受益良多。

# 管孩子应有所为，有所不为

文：JK 不二子

## 做人的大方向，一定要管

对于管孩子，哪些事不必管，哪些事必须管，常常让父母无所适从。尽管我们都很努力地为了孩子的未来着想，想把孩子变成极具竞争力的通才，但是，我们谁也无法预料，二十年后他们需要哪些技能。我们唯一可以确定有价值的事，就是培养孩子的人格特质，例如诚实、毅力、乐观、同情心等。

千百年来，人类的这些特质始终会令人受益。

儿童心理学家塞尔玛·弗雷伯格认为，孩子的良知并非与生俱来。孩子在四五岁的时候，人格中有了内在控制的迹象，但是这种自控是不稳定的、模糊的。他之所以知道某种行为是对的或错的，主要是因为父母赞成或反对。所以，一个孩子从“他律”发展到“自律”，需要父母引导教育，帮助他们形成内部控制系统。

那么，孩子的哪些事，我们必须管呢？比如——

管好孩子的手：不打人，不随便动别人的东西。

管好孩子的嘴：不开口说谎，不说脏话、粗话。

管好孩子的脑：对人有礼貌，尊重他人。

管好孩子的心：不随波逐流，不和人攀比。

这些事看上去很小，但是如果在孩子小时候父母没有进行这方面的管教，将来社会就会替父母教育他。

父母在这些大方向上好好管教孩子，才是对孩子的人生负责。

## 管太多，不可取

那些管太多的父母，教育家称为“直升机父母”。他们就像直升机盘旋在孩子的上空，时时刻刻监视着孩子的一举一动。孩子吃什么、穿什么、看什么、听什么、说什么……这些属于孩子生活自理的范围，他们也都要严密监控，进行干涉，唯恐孩子出了他们管束的边界。

其实，孩子在生活中受点挫折，犯点小错，都是生命成长的一部分。可是，太多父母过于心急地站出来，帮他们撑起另一半天，不让他们承受哪怕一点风险，孩子也因此失去了自我成长的机会。

前一阵子，有部国产动画片《巨婴》特别火。片中的“孩子”早已成年，每天还需要母亲给他穿衣喂饭，完全没有自理的能力，活脱脱一个巨婴。

当父亲去世后，母子失去了经济来源，儿子要买新玩具，母亲只能变卖家具满足他。后来，母亲实在没办法，卖了自己的肾脏给儿子买 VR 眼镜。儿子玩了一天还没吃饭，他像往常一样呵斥妈妈给自己做饭，却没有得到熟悉的回应。原来，妈妈已经因失血过多而死亡了。孩子翻箱倒柜找吃的，可家中早已空空如也……

大多父母对孩子管头管脚，根源在于内心的恐惧。就像片中的母亲，她替孩子解决了所有问题，生怕儿子痛苦、生气和失望，看似是爱孩子，实质是用自己的恐惧奴化孩子。

这样做，不但害了孩子，更害了自己。

## 管太多，孩子没有安全感

心理学家埃里克森认为，人一生中要经历八个社会心理阶段。每个阶段都是人生的一个转折期，都会有一个特殊的两难问题出现。这些重要的生活任务需要个体去加以解决，比如——

从出生到 1 岁，基本的信任和基本不信任；1—3 岁，自主与羞愧、怀疑；3—6 岁，主动与内疚；6—12 岁，勤奋与自卑；12—20 岁，角色认同和角色混淆……

当个体遭遇成长危机，家庭教养环境就直接关系着危机是否能够得到积极解决。

父母管太多，看似是爱孩子，实际上孩子却会因此受伤。因为孩子觉得父母不相信他，觉得自己的努力没有什么意义。时间长了，孩子甚至会觉得父母根本不爱他。这种潜在的信任缺失会导致孩子严重缺乏安全感。所以，那些需要孩子自己面对的成长挑战，父母要学会少管。

## 管的艺术，在于距离

以色列有一则寓言，也许对大家有所启发。

冬天到了，刺猬妈妈想和小刺猬挤在一起取暖过冬。可是，真正去做的时候，刺猬妈妈犯难了——远一点，小刺猬借不着妈妈体温；凑近了，身上尖锐的刺会伤及小刺猬。经过多次磨合，刺猬妈妈终于找到了适当的距离，既给了小刺猬温暖，又不会伤害小刺猬。

父母和孩子，也要保持这种距离：及时管，孩子才不会放任自流；适度管，他才有自我成长的空间。智慧的父母会把重点放在关心孩子的感受上，他们想着为孩子成长提供什么帮助，而不是单纯禁止他们做什么事。管的最高境界，不是有所为，而是有所不为。

犹太人育儿有个最基本的理念，就是“孩子并非你的杰作”。管，是为了不管。如果父母从小帮助孩子建立了正确的三观，培养了他自我教育的能力，那么等孩子长大了，就不用你管了。

如果孩子做的事利人利己，是真善美的，父母就该支持鼓励，少干涉；如果孩子做的事损人利己，是假恶丑的，父母就要坚决教育，多引导。

养育孩子是科学，更是艺术。科学讲究方法，而艺术追求人性。如果我们学会用对人性的充分理解，去重新审视我们对孩子的要求，孩子会成长得更好、更快乐。

最后和大家分享华德福教师的祈祷文。愿这首小诗，每天提醒我们：

不想，再迷恋于成为一个解决问题的专家
只想，当一个，生命的陪伴者
不想，再沉迷于扮演一个拯救生命的英雄
只想，与你平起平坐，望着你，听你说故事
不想，再去改变别人的生命
只想，走入生命的更底层
深深地聆听……

# Part 3

# 学习力：<br>决定人生高度

# 当孩子问“如果我输了怎么办”

文：张德芬

## “yes 父母”，教出以自我为中心的孩子

两对互为好友的夫妻来我家吃饭，其中一对带了他们的孩子。这个妈妈生了孩子之后基本上没有请保姆，因为哪个都“看不上”，所以目前不到 2 岁的孩子（狗都怕的年龄）弄得她精疲力竭，整个人也暴瘦。

这位伟大的妈妈因为小时候没能得到自己想要的爱和照顾，所以，现在对孩子是完全不说“不”的教育方式，也就是“yes 父母”，她尽心尽力给出自己的爱，令人感动，但是这样真的是对孩子最好吗？

对孩子的行为完全没有干预，孩子其实会陷入深深的迷茫，而且，长大后会比较倾向于以自我为中心。你想，怎么会不以自我为中心？这个孩子 3 岁以前（取决于父母何时送她去上学）完

全就是世界的中心呀。完全自恋，世界都得听她的。

这个孩子现在不会说话，每次稍有不顺心，就哇哇大哭，而且多半时间都是在假哭，只是为了威胁父母，得偿所愿。这样，她学会了用感受来控制别人。

我心中只盼望这个孩子能够早点上学，和其他孩子多互动，学习人与人之间的交往，建立社会关系，学会考虑他人的感受，而不是用自己的行为去控制别人的感受。

毕竟，在这个真实的世界里，所有人都不会像她父母那样永远对她包容付出。孩子最需要的，是“最好版本的自己”的父母。我个人的意见是：孩子在不懂事的时候，也就是在襁褓中，父母应该完全满足他的需求，要吃就吃、要睡就睡、要抱就抱，绝不勉强他、拒绝他；当孩子长到能察言观色，能够听懂大人的意思的时候，父母就要教导孩子礼貌和界限。

不过有一个非常非常重要的原则：每次拒绝孩子的要求之前，一定要先说出、同理、理解他的要求和背后的情绪。

比如，孩子要去外面玩，但是已经晚了，考虑温度、安全和作息等问题，你不想带他去，他可能立马用大哭来抗议。这时，你就要先说出他的需求：“宝宝想出去玩，现在就想出去玩，可是太阳公公已经回家了，我们也不出去了。宝宝很伤心，因为你真的很想玩。那这样，明天我们找一个特别好玩的地方去玩，跟太阳公公说抱歉，好吗？”

方法是：说出他的需求，同理他的情绪，提出一个“听起来”很好玩、新鲜的建议（转移孩子的情绪，同时也是给他台阶下，小孩有时候也要面子）。

现在很多做父母的，竭尽所能讨好孩子，可是孩子最需要的，真的是“最好版本的自己”的父母，而不是为了自己的某些教育原则，某些固有、僵化的想法，而无法真正快乐自在的父母。

我见过一个儿童教育专家，他用一种非常执着的教育方法带自己的孩子，累得半死，都不敢再生二胎了。他可能从自己执着的教育方法中得到了身份认同，至于孩子需不需要兄弟姐妹，自己这么辛苦能不能让孩子成为最好的自己，不是他在意的点。

我也认识一对夫妻，他们的两个小孩五六岁了，他们不让他们去上学，所以两个孩子非常野，无法无天。而且他们两个人从来没有假手他人照顾过孩子，这些年来，他们其中一个人始终在照顾孩子。

像上面那对“yes 父母”，就是执着在选择阿姨、放不下心等事上，无法给孩子一个放松的、自在的父母。在我家吃饭的时候，从头到尾妈妈没有放松过，眼睛始终盯在孩子身上，这样的爱对孩子也是种负担吧。

为了童年匮乏的自己，毫无选择地弥补孩子，这对孩子也未必是件好事。这种对孩子的执着，在孩子身上寻找价值感，最后会变成依赖孩子对他们的依赖。所谓的霸道女、妈宝男，就是这样产生的吧！

### 如何教导孩子务实地面对现实

还有些父母，一味地相信孩子就是最棒的、最好的，没头没脑地给孩子当啦啦队，这也是在残害孩子。

在这种氛围下长大的孩子会特别讨厌挫败、挫折、打击，容易罹患抑郁症。别人不理解，还觉得父母对你都这么好，这么支持你，你怎么会得抑郁症？其实，那个满口赞美、捧高孩子的父母就是在告诉孩子：你不可以输，不可以平庸，不可以比别人差。在这种环境下长大的孩子也着实可怜，压力得有多大啊。

那么，我们就不赞美孩子了吗？孩子成绩好、钢琴弹得好、体育运动出色，不能赞美他？当然需要赞美，否则你又跑到另外一个极端——“永远不够好的父母”那里去了。

怎么赞美？你可以和他一同享受成功的喜悦、优秀的成果，但是，你要赞美的是他的努力、付出、过程，而不是赞美他的天赋、表现。让他的焦点放在“我是有不错的天赋，但是练习、努力和机运更重要”，非常实在地让孩子了解自己所处的位置，不会对自己有不切实际的期望和幻想。

从《心态致胜：全新成功心理学》这本书里，我看到一个很棒的故事。9 岁的小伊参加她喜欢的体操比赛，几个项目都表现不错，但是其他参赛者也非常有实力，最后总决赛的时候，小伊没有赢得任何奖牌。如果你是小伊的父母，你会怎么做？

1. 告诉她，你认为她是表现最好的一个。

2. 告诉她，她被夺走了理当赢得的奖牌。

3. 告诉她，体操其实不是那么重要。

4. 告诉她，她有能力，下次再接再厉就可以胜出。

5. 告诉她，她的表现确实没有资格胜出。

孩子挫败了，一定觉得难受，她的情绪是需要你去认同、抚慰的，但是，任何不适当的言语反应，可能从长期效应来说，是有害的。

选 1，其实你在说谎，对孩子没有任何实质的帮助。

选 2，这是归咎其他人，这个惯性模式可千万别让孩子养成。孩子需要自我负责，她的表现不错，但不足以赢得奖牌是事实，不能养成把自己的不足归咎于他人的习惯。

选 3，这是在教导她，当没有把一件事情做好时，就贬低这件事或是放弃。你觉得这对孩子心理健康有帮助吗？

选 4，这是最可怕的一个反应。你在鼓励她做超出自己能力范围的事，高估自己，对自己有不切实际的期望和幻想，终其一生，她都会和这个不切实际的幻想较劲、斗争。你想让孩子这样吗？还是你自己就是“需要”孩子出人头地为你争光，但这样是不是太自私了？

选 5，这样说似乎有点残酷，但是你可以委婉一点来表达。

正确的做法是告诉她："亲爱的，我知道你的感受，你抱了很大的希望，又做出了最佳的表现，但没能得奖，你当然会非常失望。但你知道吗，你其实还没到可以得奖的火候，有很多人训练的时间比你长，先天条件也可能比你好，远比你更努力。如果这是你非常喜欢的事，就尽力去做，享受这个过程，再多努力一些。"

意思就是，如果是为了兴趣，胜负就不重要；如果想要得奖，那么，她需要更加努力。这是教导孩子如何务实地去面对现实，不妄自菲薄，也不妄自尊大，脚踏实地地去做自己想要的事。

最后，小伊尽更大的努力，在下一次的比赛当中拿了多个奖牌。最重要的是，她的心理素质获得了提高。

你真的爱你的孩子吗？

还是把他当作给你的人生加分的工具？

抑或是把你的恐惧投射在他身上，给他增加心理负担？

做个明智的父母吧！

# 如何培养“爱学习”的孩子？

文：甜阁下

## “比一天的工作，还要操心得多”

这几年流行一句话：不写作业母慈子孝，一写作业鸡飞狗跳。陪孩子写作业，一直是不少家长的心头之痛。

有多痛呢？莉谈到孩子时，有点急火攻心，近乎失控。她说，不知道孩子怎么想的，每天回到家，先玩手机，再做一会儿手工，催她去写作业，总是不情不愿。写起作业来，还特别慢，本来作业就多，她还磨磨蹭蹭个没完，经常要到晚上十一二点才睡。她每天花在陪写作业上的时间就有四个多小时。老师不止一次谈到她写作业拖沓的情况，她很无奈，只好天天催，真是伤不起。

朋友小锦也表示，陪儿子写作业，比一天的工作还难、还累。

每天晚饭后，小锦都寸步不离地陪在儿子旁边，事无巨细地陪伴着他。与其说陪伴，不如说监管。儿子写作业时总会走神，好几次没写几分钟就开始转笔、玩橡皮，或者直接趴在桌子上，在书本上胡乱涂画起来。她说，本来半个小时能完成的作业，孩子一个多小时都做不完。为了让孩子更专注，她只能在一边陪着。

小锦感觉，陪写作业这件事，渐渐榨干了她的精力，更严重影响着她的工作和生活质量。

## 陪写作业——很多父母的“第二职业”

其实，像小锦、莉这样的父母有很多。《中国中小学写作业压力报告》中就显示，中小学生每天花在写作业上的时间是 2.82 个小时，相当于全球同样数据的平均数的 3 倍，91.2% 的家长都有过陪孩子写作业的经历，其中每天陪的高达 78%。

很多父母把监督孩子完成作业当成第二职业，对孩子写作业的态度非常敏感，只要孩子没有按自己预期的去做，就会干涉，甚至气不打一处来地一顿嘶吼。孩子在监督的压力下，为了安抚父母暴躁的情绪，尽量减少父母对自己大吼大叫的情况，不得不去迎合父母的需要，勉强写作业。

这样的矛盾多了，孩子对学习提不起兴趣，看到作业就头痛。这又导致父母对待孩子的态度越来越强硬，变本加厉地要求孩子跟上节奏。于是，陪写作业这件事自然成了亲子矛盾频发的焦点。

## 父母的好习惯，是孩子的榜样

其实，父母们大多有一个认知误区，就是把陪孩子写作业视为爱孩子的一种表现，把帮助孩子完成作业当作自己的任务。这样的错误认知从一开始就剥夺了孩子自主学习的动力，也给孩子造成了一种误解——写作业对父母来说太重要了，作业写得好不好，关乎父母的情绪。

其实，陪写作业这件事，并不是父母必须做的。想让孩子对学习产生兴趣，父母本身就要以身作则，给孩子做出示范。不爱学习的父母，很难让孩子相信学习能够产生正向积极的能量。

比如，后来莉意识到，孩子的拖延其实和家长有很大关系。莉对于自己的工作任务就总是不紧不慢的。每天工作前，先出去倒杯水，然后出去遛弯，再晃悠悠地回到工位，对着电脑发会儿呆，不到截止时间，绝不开工。有次小长假，她需要写三本讲书稿，硬是拖到开工的前一晚才动笔。这一切都被孩子看在眼里。孩子的爸爸不看书，爱打游戏，同样是和孩子说一套，自己做的是另一套。

这些都会导致孩子拖沓，或对学习心生抗拒，对父母产生愤怒情绪，父母越是逼着孩子学习，他就越不愿意配合，用各种不进取的表现来挫败父母的期望。父母的好行为和习惯，才是孩子最好的榜样。

## 让孩子在快乐的氛围里自主学习

父母想要培养孩子良好的学习习惯，在做好自己的同时，也一定不能用尽各种方式逼迫孩子学习，这会让他失去自我指导的心理功能，沦为被父母的焦虑控制着的学习机器。让孩子在快乐自在的氛围里养成爱学习的习惯，才是最重要的。很多时候，父母在陪孩子写作业的过程中，情感上一定是互相抵触的。

父母不快乐，孩子就不快乐。父母抱怨孩子占用了自己太多的精力，孩子对学习这件事的印象不好，这就让亲子关系陷入了僵局。其实，对于督促孩子写作业的父母来说，情绪上的快乐才能帮孩子培养起学习的兴趣，让孩子明白学习是自己的事情，不是父母的任务。只有理解到孩子的学习要由自己做主，父母在陪写作业的过程中，才不至于产生大量负面情绪，同时也让孩子感觉到学习过程是快乐的。

提到孩子的学习，娟子蛮自豪的："我这个孩子从小没让我过多操心，我只给他说一遍，学习是他的事情，我不干预。他尝到自主学习的甜头，就会自觉完成作业。无论他是和朋友出去玩，还是看课外书、打游戏，我都看成是他在学习如何让自己掌握学习的方法，相信他能安排好自己的时间。就像爱情不是一个成年人生活的全部，写作业也不是孩子学习生涯的全部，他需要在各种不同的学习中发现乐趣，这个乐趣不是父母能给予的。每当他获得了好成绩，受到了表扬，他会和我分享，我就知道他是自在快乐的。”

娟子在教育孩子方面的实践，和其他父母是有区别的，她能够清晰地意识到，控制孩子的学习并不能解决父母自身的焦虑，反而会让自己暴躁，让孩子厌学。

父母本身就构成了孩子学习环境的一部分，想让孩子爱上学习，就要做好示范，并保证孩子在学习过程中能保持快乐轻松的情绪，他才会和学习建立起良好的关系。如此，父母才能从监工的角色中彻底走出来，而孩子也才能健康成长，快乐学习。

## 尊重孩子自己的感受

文：江北青林

同事说，孩子读小学三年级，写作文成了大难题，都是流水账，没有真情实感。比如："今天我爸爸带我和妈妈出去吃饭。吃完饭，我们就回家了。"开不开心，好不好吃，什么也看不出来。她只好耐心引导孩子："你吃了什么？吃饭的环境如何？你的心情怎么样？"孩子一脸茫然，好像完全没有感受。

她生气得不得了，但知道孩子可能有情绪，就没说什么。几次之后，她忍不住大声问他："你是有感觉的，你感觉到了什么？"过了一会儿，孩子主动回答说："我是有感觉，但你不信。比如那天吃饭，我吃完盘子里的八个煎饺，喝完粥，你看到后，又给我添了两个饺子。我说我吃饱了，你还是让我再吃两个。还有，我出门前穿好校服，你总是追到门口，非要给我加一件棉马夹。我说不冷，你不信。我有感受，但你不相信，总是命令我该怎么做。"

孩子的这个回答出乎同事的意料，她以为自己在辛苦付出，在满足孩子，但在孩子眼中，他真正的感受没有被关注，反而被母亲的感受替代，被母亲控制。

这，是孩子失去活力的第一步。

## 活在自己感受里的孩子，存在吗？

有的父母会说，孩子完全生活在自己的感受里，那他会不会成为一个目中无人、不在乎别人感受的、自私的人？

心理学家武志红分享过这样一个故事：他认识一个叫孙博的女孩，她就是那种从小被“溺爱”长大的孩子。20 世纪 80 年代，幼儿园老师跟孙博的奶奶反映，孙博在幼儿园中午不睡觉，希望奶奶能帮她养成午睡的习惯。已经是名医的孙博奶奶，竟然辞职到孙女的幼儿园做了校医，这样，孙博中午就可以去奶奶的办公室自由选择是睡觉还是玩耍。奶奶在幼儿园工作了一段时间后，对幼儿园的教学方式不满，干脆为孙女量身定制，开办了一家幼儿园。

在孙博的成长过程中，不单是奶奶这样宠她。小升初时，以她的成绩，她可以上北京最好的中学，但她特别想去另一所普通中学，原因仅仅是那所中学的校服好看。孙博的爸爸居然同意了。

按照大多数人的想法，这种总是被父母无条件满足的养育方法，肯定会“惯坏”孙博。可事实恰恰相反，读书、留学、工作、创业，孙博一路走得特别顺利，尤其在人际关系上，她比大多数人更能平等跟人相处，更能照顾别人的感受。

被家人无条件满足的孙博，从不纠结。武志红第二次见她时，她展示了自己的“读心术”，猜对了武志红没打算说出来的事情。问她怎么判断的，她说：我不判断，我只感觉。

武志红这样评价孙博：我见过的极少数心理极其健康的成年人，她不仅有真自我，而且身心合一。

## 父母是看不见，还是不敢看见？

假自我，是孩子一开始的自我就围绕着养育者的感觉转，而真自我，是孩子一开始的自我就围绕着自己的感觉转。

一个人的童年关系模式、内在关系模式和当下的关系模式，呈现一致性，这就是命运。控制，让孩子封闭了自己的感觉，终日戴着假自我的面具生活；而满足，使孩子相信并使用自己的感觉，真正做到知行合一。

很多父母不是无法满足孩子，而是不敢满足孩子。因为父母本身可能从内心深处就会有一个疑问：我能跟着自己的感受生活吗？他们自己的成长就是一个不断掩饰自己的感受、打压自己的真我、满足外界需求的过程，如何给出空间让孩子保留感受？“满足”这个词，我们想亲近，却又害怕。很少有人被真正满足过，所以，他们不相信自己的感受真的可以被看见、被重视、被满足。

在语言上，我们告诉孩子："孩子，我希望你自由，活得比我好，能按自己的意愿生活！"但是在潜意识层面，我们却否认孩子的感受，传递潜意识里自己的"相信"——感受不重要，做"应该"的事更重要！

武志红说："很多人认为，有钱人才能这么任性（让孩子靠着感觉生活），但实际上，这不是有没有钱的事，而是有没有心的事。例如我自己，我家在农村里都在最贫穷之列，可妈妈为了不让我哭，硬是在家带我，而不去地里干活。因此我家不仅被人笑话，家里的收入更是少了一半还多。但我因此受益很大，我心里不穷，从来没有因为家里贫苦而自卑。"

## 孩子可以任性，父母可以放手

朋友的儿子读高一时是一个"非典型学霸"，他人缘好、成绩好，却是老师眼中的麻烦，其具体表现为：学习不踏实、粗心、随意。但他只花30%精力学习，就能轻松得到好成绩，小升初和中考都是一路被保送到市重点中学。老师看到他整天一副"不务正业"的样子更焦虑，用校长的话说，这是"清华北大的苗子"啊——只要他再"端正态度"。

但父母还是给了他最大的自由，他们觉得，既然他在学习上能毫不费力地名列前茅，就别逼得太紧了。整个高中阶段，他的成绩都游走在自由和学霸的边缘。别人高三学习紧张到吃饭都算着时间，他还是每天打一个小时游戏，运动几十分钟。而且，他还在“不务正业”，玩手工模型拿到国家专利，几次包揽学校、区里的运动会冠军，有时间就跟一帮好哥们儿出去玩……高考之后，虽然没有考进清华、北大，但他进入了自己心仪的大学。

如果当初父母逼他一把，结果会怎样，没有人知道。但现在，他依旧保持着内心轻松，照着自己的节奏生活。所以，孩子是可以“任性”的，父母也是可以“放手”的，只是我们要相信自己，相信孩子。

只有被看见过“感受”的孩子，才会学会如何对待自己的“感受”。于是，他们通过保有自己的感觉，最终成长为真实的自己。这样的孩子才能让自己潜在的能力有机会发展出来，才能让外在和内在都成长得丰盛饱满。

## 适当放手，让孩子不断试错

文：甜阁下

前两天，发小敏敏找我哭诉，说都工作了，父母还总管着她，这样下去，她感觉自己一直是个长不大的孩子。

确实，敏敏从小养尊处优，父母对她非常宠爱，基本上她想要什么，都可以及时满足，在物质方面没有过短缺，但同时父母对她的管制也特别多。

小时候跟小朋友一块玩，敏敏的妈妈总在不远处盯着她，生怕她磕着碰着；学校组织郊游，只有敏敏没去，因为她妈妈怕不安全；上大学时，同学聚会吃晚饭，她妈妈不允许，说尽早回家，外面不安全；等她工作后，妈妈依然要求她晚上 8 点以前必须到家。

敏敏的个性有些怯弱，觉得自己什么事都做不好。最近，她又陷入了严重的自我否定，甚至开始怀疑人生。

## 父母的过度保护，是一种伤害

敏敏的经历和体会恰恰反映了这样一个事实：一个看上去想要什么就有什么、一路平坦的人，人生并不会因此就没有任何问题。

很多父母都是这样，自己小时候走过的弯路，吃过的亏，经历的困难和迷惘，不希望自己的孩子再去一一经历。并且出于强烈的补偿心理，他们想要从孩子一出生开始，就拥有最多的爱和最好的物质条件，想尽己所能地教育和保护好他，给他一个和自己不一样的人生。

愿望总是好的，实际的结果却有可能会和愿望相悖。因为父母的过度保护，敏敏无法在心智上得到必要的锻炼和成长，她的抗压能力很弱，很容易表现出对自身能力的不认同。同时，在寻找快乐的时候，她也显得非常被动，很少能体验到由内而发的激情和挑战，从而一直处在一种对自我不满的状态里，自怜自艾。

被父母过度保护的孩子，轻者像敏敏这样，严重一点的，还会产生暴力倾向。记得英剧《黑镜》第四季里，有一个叫萨拉的女孩子，她 3 岁那年意外走失，把妈妈吓得不轻。在强大的保护欲驱动下，妈妈向科技公司求助，给女儿的大脑植入了芯片，目的就是把女儿保护起来，不让她再受任何伤害。

通过平板电脑，妈妈可以随时查看到萨拉所处的位置，监测她的身体健康状况，甚至为她挑选自己认定可以看的画面，把不合适的画面全部打码。妈妈隔离了萨拉正常成长所需要的环境，剥夺了她的自主选择权，这种精心保护所产生的后果不期而至。萨拉很难理解人们的情感，不懂得处理冲突，甚至会自残，暴力袭击妈妈。

过度保护就是一种不加商量的伤害、一种不容置疑的控制，是以爱为名限制孩子的独立成长。

## 孩子在成长过程中需要试错

小东的父母一直想给他营造一个真空的无干扰环境，最常说的话就是：“你只需要搞好学习就可以了。”在家，父母从不让他做他力所能及的事情，妈妈会把他和家务事隔离开，家里有什么需要商量的事，也会避开他，只和爸爸交谈。

小东上了大学后，很难适应新的环境，不会打理自己的生活、不会洗衣服，遇到困难也不好意思向同学询问，集体生活也给了他很大的压力。

为了逃离这样的窘境，他经常去网吧打游戏，时间长了，感觉自己的头脑越来越混沌，无法学习，和父母提出要休学。父母带他去医院看医生，检查结果是中度抑郁，但吃药并不能解决根本问题。

小东的根本问题，就是在成长过程中被父母保护得太好，这导致了他在成长中缺乏自我进取的动力，一直在舒适区里待着，内心也没有自信。

像小东这样的孩子很多，父母不愿意放手让他们成长，所以没有太多的试错机会，现实感比较弱，就会出现空虚无力、情绪沮丧、孤独和冷漠的情况。

很多父母说，我们成年人正因为懂得什么是对的、什么是错的，所以才要告诉孩子，尽可能让他少受罪、少碰壁。

这种以保护孩子为出发点的观点当然是没问题的，但父母们大大地忽略了一个事实：

一个儿童的心智发育与发展，一定是在他自己的人生旅途中以行为实践的方式来获得的，而不是由别人通过语言教育来达到的——试错，是孩子行为实践的核心内容。就像没有哭过的人，不知道什么是难过；没有笑过的人，也不知道什么是快乐。孩子不犯错，就分不清对错，也无法形成经验储存在自己的记忆系统中。

父母以孩子不懂、没有经验为由，替代孩子去实践他们的生活，就等于是把孩子的行为自主权给剥夺了，这恰恰妨碍了孩子的自由生长，使孩子在今后的成长中可能会出现诸多问题。

## 适当放手，才能让孩子得到成长

父母越害怕孩子犯错，越保护孩子，孩子的自主性越容易受到抑制，成长的动力也越容易受到破坏。想给孩子一个健康的、适度的教育，父母应当持这样的态度——

1. 警惕亲子关系中的“投射心理”。

很多父母不会区分自己和孩子的感受，容易把自己的感受等同于孩子的感受。当你感觉孩子做一件事情有可能会有不好的后果的时候，你让孩子不要这样做，是带有自己负面的焦虑情绪的。但孩子没有经历过这样的事，他并不知道做这件事情的感受和体验是什么，他只记得你让他不要做，于是他就暂时不做。只是，缺失了那种切身的感受和体验，可能会给孩子的成长带来困扰。

就像告诫孩子不要早恋一样，孩子听话，不敢去谈恋爱，但是在青春期的时候，孩子很难自行去处理对异性的好奇，以及和异性交往尺度的把握。孩子有自己的认知和感受，父母要避免在孩子探索自己的过程中给他造成阻力，影响孩子的心理成长。

2. 及时肯定孩子的能力。

父母有时会有自大的心理，主要是没有把孩子当成亲子关系中平等的一方，会在孩子面前强调自己是对的。只要父母把事情绝对化地分为对、错两个部分，自己是对的，那么孩子就会“被迫”处在“错误”的位置上。在孩子的成长阶段，孩子是没有这些僵化的对错观的。成年人需要注意，不要在孩子小的时候告诉他什么是对、什么是错，而应在适度引导下，让孩子通过自己的实践，去感知什么是合适的、什么是不合适的，什么是对成长有利的、什么是对成长不利的。

所以父母要做的，是鼓励孩子犯错，舍得让他吃一些苦，让他从挫折中得到切身体会，肯定他实践的能力，而不是害怕他跌倒，给他营造一个看似安全的真空环境。放手让孩子尝试他想去做的每一件事，哪怕失败了，也要协助他对自己的行为负责，这要比无节制地保护他、不允许他犯错好得多。

只有经历挫折，孩子才能在成长中获得更多能力上的更新和自我认同。孩子随着成长而慢慢成熟，父母才能真正地对孩子感到放心和安慰。

# 表达力：培养逻辑思维

# 会表达爱的父母，是孩子拿到的第一手好牌

文：浅仁

有一期《十三邀》，和许知远对话的是姜文。许知远问他：“你的人生有什么失败吗？”姜文说：“有啊，我跟我妈的关系。”

他说当年他考上了中戏，拿着通知书给母亲看，她拿来看了一下扔一边了，说他那一盆衣服没洗呢。姜文说他不知道怎么能让他妈妈看见他做的事而高兴。姜文的话语里有着难以释怀的无奈。

为什么有的父母在表达对孩子的爱时会那么吝啬？他们对孩子取得的成绩要么冷漠以对、视而不见，要么打压，理由是“怕孩子骄傲”。而为什么有的父母表达爱时又那么让人有负担，嘘寒问暖、无微不至，让人喘不过气？

父母怎么做才是合理表达自己对孩子的关心、赞赏和喜爱？

## 父母有些爱的表达，会给孩子压力

很多时候，父母明明是在给予，孩子却如临大敌，不但不会感激，还会“宁愿你不要这么爱我”。有三种爱的表达方式，会让孩子倍感压力。

1. 刻意强调自己的付出，过度表达对孩子未来的期待。

一些父母经常习惯性地把这样的话挂在嘴边：

“全家供你上学，这个家以后就靠你了。”

“爸妈老了就指望你了，别让我们失望啊。”

“你一定要给爸妈长脸啊。”

当孩子总是被迫沉浸在这种现实期望里，一方面会承受来自父母的精神压力，担忧未来无法回报父母的恩惠；另一方面，一些孩子可能会因此极端地认为父母的付出带有功利性质，觉得自己的存在只是为了给父母养老而已。在这种家庭模式中出生的孩子，成年以后虽然会有较强的责任意识，但也可能很难和父母有真正的亲近感。我身边有一些成长在这种家庭环境中的朋友，毕业以后便刻意远离家乡，虽然会定期给家里打钱，但基本长年在外不愿意归家，和父母也很少交流。

2. 永远把孩子当小孩子看待。

当孩子慢慢长大，一些父母仍然习惯用对待幼童的方式对待已经独立的孩子，一味给予庇佑和保护，介入孩子的生活，无形之中成为孩子的负担。

现在大家普遍反感的“妈宝男”，本质上也是亲子之间缺乏必要的界限导致的。当这样的孩子进入一段情感关系，往往也容易因为父母的插手而衍生出复杂的家庭矛盾。

我的一个同学，父母是老来得子，对他颇为宠爱，甚至在他上大学后，举家随他搬到学校所在城市，只为每天给他无微不至的照顾。毕业后他谈了几场恋爱，但最终都不欢而散。因为他父母不放心他跟异性交往，他的每一任交往对象父母都要亲自把关，还时时监测着两人的关系动向，让他苦不堪言。

3. 缺乏对孩子的真正了解。

我每天跟我妈视频，可是并没有感觉我们的距离拉近了，聊来聊去总是在说“吃的什么呀”“工作累不累啊”，真的没什么意思。我知道她是在关心我，但总是关心不到我的心上。因为缺少和孩子的共同话题，父母更关注的是孩子吃饱穿暖这种生活层面的问题，孩子自然对这些显得“多余”的关心很不耐烦和焦躁。

有的父母则习惯以过来人的姿态对孩子指指点点，缺乏对孩子的体谅。当父母只顾表达自己的诉求和理念，并强制性要求孩子接受的时候，孩子自然会感到抗拒和排斥，从而越发不愿意亲近父母。

## 表达爱，先了解孩子需要什么爱

为什么父母的关心在孩子眼里却成了负担？也许我们首先要清楚，我们对孩子的付出，究竟真的是完全出于爱，还是多少也出于自己的控制欲和过于自我的期望。

到了一定年纪，相比孩子需要父母，其实是父母更需要孩子。在孩子年幼的时候，父母需要给予他全方位的照顾和看护。随着孩子年龄的增长，接触到更广阔的世界，孩子则会在学校、家庭、社会生活中逐渐培养出自己的个性和思想。这个时候父母需要调整自己的心态和生活习惯，学会重新平衡自己的生活重心。

尤其当孩子成年离家以后，一些父母可能会有空虚、惶恐等不适感。有的人已经习惯了孩子的陪伴，需要孩子填充自己的生活，或者孩子的存在曾经无形之中满足了他们的掌控欲。但是，孩子终究需要独立面对外面的世界，而父母则需要懂得适时放手，而不是一味强加自己的观点和想法。

孩子不是父母的附属品，一些父母也许会觉得孩子是自己生命的延续。但事实上，我们更需要清楚，孩子并不是我们的私有财产，也不仅仅是我们养老的保障，孩子的存在更多的是丰富了父母的人生体验。

所以，不要以家长的高姿态自居，不要理所应当地对孩子过多苛求。我们需要带着感恩和珍惜的心态去看待这段亲子缘分，只有你发自内心地尊重孩子的自我意识和感受，你才能真正看到他的真实需求。

真正的爱是尊重和理解，有的父母会用刺耳的语言表达关心，比如："让你多穿点你不听，我说的话你当耳边风是吧？"你是在担心孩子的身体，可是这样的语言表达会让孩子不适，让他感受不到爱和尊重。孩子的成长过程是自我发掘和人格塑造的过程，需要父母的引导和教育，更需要父母的包容、接纳和悉心陪伴。

从著名心理学家马斯洛的需求层次理论来讲，当孩子一天天长大，作为父母，不仅需要满足孩子最基本的生理和安全需求，也要从高阶需求出发，了解孩子的社会需求、尊重需求和价值需求。这需要父母学会用心倾听，了解孩子究竟在想什么，有怎样的感受，而不是急着以过来人的姿态一味说教。

对于大多父母来说，此生都是第一次担任父母的角色，而父母这个身份则没有一个所谓的标准模板。教育和陪伴孩子成长的过程，其实也是对我们自己重新认知和改造的过程。事实上，你希望孩子成为怎样的人，相比用语言告诉孩子如何去做，真正更加有效和有影响力的是，你如何对待自己的生活，如何为人处世，以怎样的态度面对生活里的各种境遇。

你希望孩子是勤奋上进的，那么你自己要积极追求自我提升；你希望孩子是乐观开朗的，那么你自己遇事要能豁达明理；你希望孩子是孝顺懂事的，那么你自己要以感恩的心意赡养和对待老人。

当你自己能够游刃有余、坚强有力地打理好自己的人生，以积极的姿态经营自己的生活，那么孩子会感觉到你的美好，感受到你对他真实的爱与接纳，他会想要靠近这样的父母，并发自内心地回馈以自己的尊重和信任。

## 好好说话，与孩子建立信任纽带

文：JK 不二子

某乒乓球世界冠军在结束运动生涯之后曾想进娱乐圈，但她父亲的一句话刺痛了她，也让很多得不到父母赞许的人感同身受。她爸爸说："不要进娱乐圈，自己长成什么样自己没数吗？"

被刺痛的她提前结束了自己参加的第一档综艺节目。

不被父母信任，总是被父母强行安排人生的孩子，长大后，他们的性格会走向两个极端：要么太"弱"，自卑怯弱，缺乏主见，自我效能感低，不相信自己的能力，习惯被别人安排生活；要么太"强"，不自觉地通过各种叛逆行为和父母对抗，试图挣脱控制，证明自己的能力和价值。

父母传递的不信任，对孩子来说，其实是一种潜在的心理伤害。然而，在中国式亲子关系里，彻底交付信任真的很难。当我们眼看着孩子长大，渐行渐远，就像断了线的风筝，不再受自己的控制，心情肯定会很复杂。孩子独立是好事，可是孩子未来的不确定，是所有父母都要操的心。

父母总是忍不住想为孩子做得更多，把他们送得更远。这样的焦虑同样发生在某个作家身上。

当年这个作家离开欧洲的时候，她的儿子才 14 岁，后来重聚，儿子已 18 岁，她这样描述儿子：“他有了驾照，可以出入酒吧，脸上线条棱角分明，眼神宁静深沉，透着一种独立的距离，手里拿着红酒杯，坐在桌子的那一端，有一点‘冷’地看着自己的妈妈。”儿子冷冷的眼光，让她感到陌生和不安。

于是，这个作家邀请儿子和自己以通信的方式共同写一个专栏。她试图透过这个老派的方式进入 18 岁儿子的世界。儿子答应了，但这个沟通了解的过程并不容易。

她的儿子在德国长大，擅长德文，会说中文，却不识中文，而这个作家擅长中文。母子俩商量用英文来写信交流。儿子用英文写信给她，她收到信后，把儿子的信译成中文，然后用英文写回信。最后，她将自己的英文信重新用中文写一遍。

在这四道程序里，他们经常需要通过越洋电话用中文讨论其中的问题。母子用了三年时间，终于开启了重新认识彼此的大门。正如这个作家所说：“我们原来也可以在他 18 岁那年，就像水上浮萍一样，各自荡开，从此天涯淡泊，但是我们做了不同的尝试——我努力了，他也回报以同等的努力。我认识了人生里第一个 18 岁的人，他也认识了自己的母亲。”

我们都渴望和自己的孩子好好说话，可是又有多少父母能像这个作家那样，为了重新和儿子建立联结，主动而勇敢地迈出第一步呢？

## 信任的过程，只需要接纳

有时候，这条信任之路会充满荆棘，它会不断试探父母，挑战父母的耐心，考验父母的爱。也许父母曾试着相信孩子，孩子却并没有兑现承诺——这的确令人无比沮丧。可是静下心来仔细想想，父母自己的成长不也是不断犯错、不断修正的过程吗？

其实，孩子和我们一样，有优点，也有缺点。就像完整的一天，有白天，也有黑夜。孩子的行为有反复的偏差，是他必经的成长过程。正是这样的时刻，他们更需要父母站在长远的角度，耐心陪伴，给予支持，依然相信他会成长，而不是先站出来指责孩子："你果然做不好，还是我来吧。"越是这样，孩子越不敢再尝试。

家庭治疗大师萨提亚曾说："只有在尊重个体差异，容许犯错、敞开沟通、灵活制定规则的环境中，人才能感到自身价值所在。"没有全然的接纳，口头上的信任是苍白无力的。而信任的终点，是安心放下。这个"放下"有两层意思。

1. 对于我们自己，要放空。

放下对孩子的控制欲，放下不必要的干预，放下对结果的期待。放下并非容易的事，正如上面那个作家所感叹：“认识一个 18 岁的人，你得从头学起，你得放空自己。”

2. 对于孩子成长，要放手。

放手，绝不是放任自流，而是“及时地牵好手，适时地放开手”。真正想把信任交付给孩子的父母，要明白：

你需要倾听他的心声，让他拥有更自由的空间；你需要传授他生活的技能，而不是包办他的生活；你需要教会他如何面对变化的人生常态，而不是只想着帮他撑起另一半天空；你需要让他自己规划人生，因为那是他的生命。

“孩子应该从父母那里得到两样东西：根和翅膀。”歌德如是说。有了根，孩子的生命能得到滋养；有了翅膀，孩子的灵魂能够飞翔。而这一切，源于父母对孩子的信任。你信任孩子，孩子就会成为他想成为的人。

## 平等沟通，让孩子充满自我认同

文：杨思远

我们每个人心中都根植着一个父亲的形象，他可能如朱自清笔下的父亲一样沉默，又或者如《红楼梦》里的贾政一样严苛……这些不尽相同的父亲形象，在悄无声息地影响着我们的一生。

而一个真正的好父亲，通常都能够放下自己的权威，成为孩子的伙伴。他不仅牢靠得犹如一座山，更温暖得恰似一个避风港。

### 好的父亲，懂得与孩子平等沟通

在中国的传统文化中，父亲在家庭之中有着至高无上的权威，他们通常冷峻、刻板、严厉，与孩子之间有着一道隐形的隔膜。为了维护自己的权威，很多父亲会和孩子保持距离，不参与孩子的活动，又或者站在自己的角度，对孩子提出很多批评和要求。

高晓松曾在一档节目中坦言，他和自己父亲的关系很不好，从小没有向父亲提问过。他很早就意识到了自己和父亲之间的隔阂。他在音频节目《矮大紧指北》里也坦露，长大后，他有一次试图和父亲进行沟通，问父亲："咱俩要不要聊聊？你有没有什么想对我说的？"

他的父亲见状，习惯性地摇摇头，说没什么想说的。从此之后，高晓松再也没有主动和父亲沟通过。

几乎不参与孩子的成长，缺乏平等的沟通——这样的父子关系带给高晓松的是沉重的创伤。用他自己的话说，就是"我有长达二十年的时间，因为对原生家庭的不满，尤其是我和父亲的关系，导致我特别讨厌别人干预自己，爱较劲"。

著名心理学家阿德勒在他的著作《自卑与超越》中曾说道："父亲对孩子的影响非常重要，许多孩子终其一生都把父亲视为他们的偶像或者最大的对手。"对于高晓松来说，从不和自己沟通的父亲，诠释的不仅仅是父亲性格的沉默，更是用沉默在传递对自己的不接纳。

这份来自父亲的不接纳，通过内化的方式，成为他内心某个角落里的暗影，潜意识里会忍不住像父亲一样排斥自己。潜意识的外显形式就是"特别讨厌别人干预自己"，因为别人的干预会很容易让他触碰不被接纳的创伤。

能够平等地和孩子展开对话，是一位好爸爸的基本素养。平等的背后，代表的是尊重孩子的独立，看见孩子的需求，共情孩子的情绪。被父亲平等对待过的孩子，才能从父亲那里获取认同，从而完成良好的自我接纳，既不和别人较劲，也不去为难自己。

## 好父亲，会让孩子获得力量感

王菲和李亚鹏的女儿李嫣，因为患有先天唇腭裂，一出生就受到媒体关注。可是在一路成长中，她像普通的孩子一样，开朗活泼，玩过直播、走过T台，和父母参加慈善晚宴……无论什么场合，你都能从她身上看到自信和力量。

李嫣能成长得如此健康自信，李亚鹏的教育起到了非常重要的作用。他曾发文分享自己对女儿的教育，在文中讲到陪女儿爬山、做植物观察、带着女儿做慈善等，更在文中提到了自己和女儿李嫣之间的“默契”：“她现在9岁半（当时），我们俩的对话中从来没有讨论过：爸爸，我是一个唇腭裂的孩子吗？我也从来没有告诉她，你是一个唇腭裂的孩子，你是一个天使等。在九年的过程中，我们的关系非常密切，但是我们从来没讨论过这样的话题。”

李亚鹏口中的“默契”，本质上是一种认同的输出，也就是你在我眼里究竟是什么样子。李亚鹏说自己没有告诉李嫣她是一个唇腭裂的孩子，也没有说她是个天使，这背后的含义是：在爸爸眼里，你和其他孩子一样，是平凡、普通、漂亮、可爱的姑娘，你和别人没有什么不同。

每个父母都是孩子的一面镜子，你怎么对待孩子，孩子就在你这里照见什么样的自己。李亚鹏用自己的爱、陪伴以及对唇腭裂的不以为然，帮助李嫣照见了自信的、快乐的、充满力量的自己。

心理学家弗洛姆曾说："父亲，是向孩子指向通往世界之路的人。"面对生活时，你到底是充满力量地与艰难进行抗争，还是轻易就被打倒，这和我们内化一个什么样的父亲形象有着密切的关系。倘若父亲的形象是高大伟岸的、充满力量的，那么孩子也能够从父亲身上获取力量，去对抗这个世界的恶意；而如果父亲的形象是软弱无力的，那么孩子也容易体验到自己的无助感。

## 好父亲，为孩子带来更广阔的世界观

"别让别人告诉你，你成不了才。如果你有梦想的话，就要去捍卫它。那些告诉你你成不了大器的人，通常他们自己也一事无成。"这是电影《当幸福来敲门》中一句非常经典的台词，是父亲克里斯站在球场旁边，对儿子克里斯托弗说的一句话。而说出这句话的父亲，刚刚经历失业、妻子离家出走、被房东赶出房屋、全身上下只剩二十一块钱等遭遇。

交不起房租的父子俩流落街头，克里斯和儿子在午夜地铁里相对无言。儿子不能理解为什么不能回家住，爸爸却开始跟他玩游戏："我们通过时光机，到达古代了！"儿子立刻兴奋地配合起来，环顾左右。父子俩在“恐龙”的追杀下，逃到了一个“山洞”里。“山洞”是什么呢，其实是一间男厕所。

即便走到了人生的低谷，即便现实中找寻不到任何一丝希望，这位父亲依然用自己的方式守护着孩子的世界。

心理学认为，父亲在家庭教育中的功能，更多的是帮孩子建立世界的规则。我们也可以理解为，父亲更多地参与了孩子世界观的塑造。所以，一个孩子对待世界的方式，和父亲有着紧密的联系。

犹如电影《当幸福来敲门》中的孩子，他通过父亲的言传身教深深地相信：要去捍卫你的梦想，也许有一天，它真的会实现。

那么成长岁月里再多的幽暗、再多的不堪、再多的无奈，也许都无法压倒他，因为他的内心住了一个伟岸的父亲，这个父亲给他描绘了一个彩色的未来。

一个好父亲会帮助孩子塑造一个正向的世界观，从而帮助他们在曲折的人生路上走得更长、更远、更稳。娱乐圈里的知名好爸爸黄磊曾经给自己的女儿写过一封信，其中有一段是这样说的：“长大的你们会什么就会什么，不会什么也没关系。这些都不重要，也别介意，who cares。相信爸爸，你们即使会的不多，或者一事无成，也不必难过，没有世俗认同成就的人是多数，你们不必成为少数，平凡最好。”

做一个好父亲的终极要义，大概就是：无论你怎么样，爸爸都爱你。

# 情商力：
# 共情的力量

# 接纳分离焦虑，给孩子一个心理缓冲期

文：微奢糖

天下的妈妈大都一样，舍不得跟孩子分开，恨不得时时刻刻陪在孩子身边，不错过他成长的任何瞬间。一旦分开，最难熬的就是对孩子的想念。不能陪伴孩子，她会不放心，会内疚。

也许，每个妈妈要面临的很大一个课题就是“母子分离”。每年到了开学季，很多妈妈都舍不得孩子去上学。

## 亲子分离时，妈妈比想象中的脆弱

心理学家弗洛姆就说：“母爱的真正本质在于照顾孩子的成长，这也就意味着让孩子离开自己。”

而这真的不是一件简单的事。朋友小敏送儿子上幼儿园，孩子撕心裂肺地哭，要么抱着她的腿不放，要么干脆躺在地上打滚儿。那段时间每天早上在公司见到小敏，都是梨花带雨的模样，她说每天都要和儿子演一场“哭戏”，儿子哭着进教室，她哭着进公司。到了公司，小敏也是跟老师不断打听。从老师拍回来的视频里，看到所有孩子在一起玩得不亦乐乎，她却又悻悻地说："他好像很快就能把我忘了。"

妈妈就是这样矛盾的人，明明盼望着孩子很好地适应生活，心里却又渴望着被孩子依赖。

孩子面对分离时，会哭会闹，但在不断的分分合合里，他慢慢学会了和更大的外界相处。而妈妈却总是翻看着孩子小时候的照片暗自感叹，甚至希望孩子长得再慢一些。所以，分离焦虑背后，孩子要比想象中的坚强，反而是妈妈比想象中的脆弱。

## 给孩子一个成长的心理缓冲期

与妈妈的焦虑不同，孩子的分离焦虑会随着年龄的增加而减少。从发展心理学上来看，3 岁到 7 岁的幼儿期和 7 岁到 12 岁的童年期，是分离焦虑的"重灾区"。他们因为年龄较小，每当分离，都需要在这份挣扎里积蓄面对分别的力量。

我在游乐场见过一个小朋友，妈妈把她和奶奶送去玩海洋球，可到了现场，孩子死活不让妈妈走，好说歹说，就是不让。眼看就要迟到，妈妈只好让奶奶抱着她在球堆里，硬着头皮走了，可孩子又是扔球又是打奶奶，边喊妈妈边哭。

过了一会儿，看到其他小朋友从滑梯上滑下来，她也好奇，四处张望，终于在奶奶的鼓励下，她也滑了一下，就这样，慢慢地跟其他小朋友一起跑上跑下。

孩子的焦虑是一个适应的过程，每当面对陌生环境和人群，他会疑惑：离开妈妈自己能不能行？外人会不会喜欢自己？这是孩子成长必经的一个过程。

依恋理论之父约翰·鲍比将分离焦虑分为三个阶段：

第一阶段：反抗阶段。这个阶段，孩子会大哭，甚至又打又闹。作为照顾的人，只需要安静地抱着他就好，让他将情绪慢慢发泄出来。

第二阶段：失望阶段。他已经确定妈妈离开了，但还是会断断续续地哭泣，但发泄行为会减少，甚至会自己一个人发呆。这个阶段，身边照顾的人可以给孩子一些好玩的玩具，也可以引导其他小朋友和他玩，让他感受到被喜欢。

经历了前两个阶段，就来到第三阶段：超脱阶段。他开始依赖现在照顾自己的人，也可以去自由活动，能和其他人一起快乐玩要，但是如果爸爸妈妈再出现，他还是会难过的。

这个阶段的孩子已经能够适应陌生环境了，虽然内心还伴有恐惧，但只要爸爸妈妈再次出现时多给他一些鼓励，听他讲述一下正在玩的内容，就能让他得到安抚。

其实，孩子的分离焦虑就是一个心理缓冲期，当他度过了这三个阶段，就会增加一份安全感和力量。作为妈妈，最好不要去打断这个接受的过程，而是相信孩子有能力面对。

## 母爱，终将走向成熟

曾有人说，妈妈的包办就是对孩子成长下的诅咒。在综艺《妈妈是超人》中，马雅舒在和女儿米雅“分离”前，试图将一切都给女儿准备好，女儿上学的前一天，她忙前忙后，非常慌张。看到孩子不愿意到老师身边，她一再重复“不要害怕”。

其实，很多时候，孩子本来没有害怕的意识，只是不愿意和妈妈分开。但在妈妈的重复下，她会告诉身边的人，她不愿意和妈妈分开是因为“害怕”。作为妈妈，你需要把成长权交给孩子。

给孩子一份更成熟有力的爱，我们可以试着这样做：

首先，接纳自己和孩子的情绪。不要因为有情绪，就定义孩子不行，在不指责、不溺爱中陪伴孩子顺利度过“分离焦虑”的阶段。

其次，调整自己的语言和行为，给孩子更多安全感。跟孩子对话时，多用一些积极正向的语言，比如“你一定会和小朋友相处得很好”之类。还有就是和孩子做好约定，比如说哪个时间打电话，哪个时间接他干什么。父母一定要做到，如果实在做不到，可以和孩子商量，让他来决定备选方案，这样，孩子才更有安全感和自信去探索。

最后，态度温和，但要立场坚定。哪怕孩子哭闹到让人心疼，也要狠狠心让他接受，因为这是分离的正常反应。但不要训斥和比较，比如不要说“人家谁谁比你小都可以”“你每次都这样，晚上说得好好的，白天就变”，等等。

有时候，分离焦虑是因为妈妈离不开孩子，但孩子终究会长大，注定会离开妈妈。因此，母爱终将走向成熟，我们都要准备好面对必然的分离。

简单来说，成熟的父母之爱就是和孩子一起成长，懂得放手，让孩子去探索、去试错，你陪孩子走过人生的这一段路，便已经值得。

# 孩子的脆弱，都是因为缺爱

文：罗近月

2019年4月，上海一个17岁男孩跳桥自杀，引发一片哗然。这个男孩在学校跟同学有矛盾，在车上又被母亲批评，男孩冲动之下就跳了桥。

有人说，男孩妈妈的不理解和指责是压垮孩子的最后一根稻草；也有人说，现在的孩子真是太脆弱了。

不论什么原因，我们可以看到，对于放弃生命这么郑重的事，孩子没有任何犹豫。可想而知，那一刻他一定感受到了旁人难以想象的绝望，才会做出这样无法挽回的行为。

面对绝望，人的决定会分两种，一种是伤害别人，一种是伤害自己。那么，在面对绝望时，人为什么会选择伤害自己呢？

## 面对绝望时，人只需要这两样东西

美国心理学家乔拉米卡利是一位专门研究共情的专家，他告诉我们：充分的共情可以帮助你所爱之人度过所有的绝望。在《共情力》一书中，他分享过一个让他遗憾终生的经历。

他有一个哥哥叫大卫，曾经是个阳光帅气的少年，充满自信。大卫离开家去外地求学，但因为对学业不感兴趣，几个月后就退学了。他整日闲逛，每当看到父母担心的表情时，就为自己感到羞愧。后来，大卫决定参加特遣队上战场来获得荣誉，可是很快因为停战而被遣送回家。接连受挫的他染上了毒瘾，并在无意中跟一些社会闲杂人员扯上关系。很快，因为参与了一起抢劫案，他成了全国通缉的对象。

大卫无法接受事实，更害怕被监禁，于是跟其他几个成员逃出国。乔拉米卡利帮忙联系了律师，告诉哥哥，因为不是主犯，最多可能面临六七年的监禁，让他最好早点回国面对。大卫说："我非常痛苦，这相当于让我去死。"

然而乔拉米卡利并没有体会到哥哥的痛苦，还在劝说他，迟早要回家的，应该多想想爸妈。几个小时后，大卫通过过量摄取高纯度的毒品结束了自己的生命。

得知结果的乔拉米卡利无比震惊，他一直在为哥哥着想，努力帮助他，却没想到他的执着让哥哥失去了最后一点爱的联结，走上了绝路。他回想跟大卫最后的对话，大卫说："我爱你，告诉爸和妈，我也爱他们！"这是他最后可以跟他表达的情感，他本可以通过这根情感线索接纳哥哥。

他当时却说："你明天就回国，我们再来谈具体的计划。"他觉得是自己用冷漠的表达切断了跟哥哥的最后一点爱的联结。

有人会说，如果他哥哥足够坚强，即便他这么说，他哥哥也不会放弃生命。

从心理学的角度来看，一个人能够面对极其重大的挫折，主要靠两个部分：一是来自外界的爱和支持，二是来自自己的内在力量。同时，这两种关系是相互促进的。如果一个人从小就获得了足够的爱和支持，他就会获得越来越充足的内在力量；如果一个人有充足的内在力量，就可以挺过最艰难的时刻，获得需要的爱和支持。

很显然，大卫不具备足够的内在力量，所以他想要一次次证明自己的价值，来寻得这种力量，但接连的受挫却将他推向崩溃的边缘。这时候，他需要足够的爱去确认自己是重要的，支持自己可以走下去。很遗憾的是，内外皆空的他就像一辆报废了的汽车，他彻底放弃了自己。

一个面对绝望时选择伤害自己的人，很可能在过去没有好好被爱过，同时，他遇到很残酷的打击时，没有人给他爱和支持。所以，强大和脆弱的根本区别，不在于你面对的问题是什么，只在于有没有被充分爱过。

## 曾经被如何对待，决定你在关键时刻如何对待自己

我的一个心理咨询师朋友跟我讲过一件令她欣慰的事。

她女儿 3 岁的时候，总是害怕一个人待着，她就尽可能地陪伴孩子。有一天下午，她陪着孩子睡觉，然后肚子很不舒服，着急上厕所。结果，她刚离开，孩子醒了，看不到妈妈就号啕大哭。

她当时很无助，就选择了沉默。但是孩子的哭声只持续了十几秒，她赶紧去看看是怎么回事。她悄悄过去，看见女儿拍着自己的胳膊，在自言自语："宝宝不怕，妈妈就在这里陪着你，妈妈会一直爱你的！"

看到如此景象，我的朋友笑了。

是的，女儿对自己说的话，正是她天天对女儿说的。虽然孩子才 3 岁，但是她已经学会了用妈妈温柔爱她的方式对待自己，即便她感到恐惧，她也能通过这种内化的好妈妈获得力量，去安抚自己。

当孩子长大时，妈妈对待她的方式就会不知不觉成为她接纳自己的方式。

我经常会遇到一些来访者，他们遇到问题时，就会用严苛、贬低的言辞来责怪甚至辱骂自己。每每问及这样的声音从何而来时，他们就会想起，父母曾经就是这样严苛地否定他们的。越是

在关键时刻，越能够清晰地看到你是如何对待自己的，而你对待自己的方式可能恰恰是别人曾经经常对待你的方式。

所以，不论一个人一生会遇上多少绝望的事情，不论他的养育者会陪着他走多远，只要他曾经被好好爱过，那些美好的感觉到后来都会变成保护他的铠甲。在很多奉行高压政策的家庭里，父母总是担心孩子被惯坏了，所以只会否定孩子，吝啬给予孩子表扬和肯定。他们以为这样养出来的孩子更能经受风雨，有一颗强大的心，却不知道真正的强大都是源于被爱，真正的脆弱都是因为缺爱。

## 缺爱的人要如何活好自己的人生?

我儿子养了两只仓鼠，一只是从很小的时候就开始养的，另一只是被他好朋友遗弃后，他好心收养回来的。

这两只仓鼠都被他养得肥溜溜的，但从小被他养大的那只跟他特别亲近，一叫它名字就会立刻跑出来，被抚摸时也很温顺，还会立起身子跟他互动。而另一只无论怎么好好喂养它，它总是处于战斗逃跑状态，见到人不是惊慌尖叫着逃离，就是跳起来咬人。

连一个小动物曾经被如何对待都决定它如何回应别人给它的善意，也决定着它会有怎样的命运，何况是我们人呢?

有的人会说，如果家庭不能给你充分的爱，那么离开家就好了，外面的世界总会跟家庭不一样。实际上，原生家庭给你的感觉，就是你进入任何关系都会感受到的感觉。所以，有没有充分被爱，决定着你会跟别人建立怎样的关系，这最终就会决定着你的人生。

在我们看来，那个选择结束生命的男生还有一个无比宽广的世界等着他。然而如果他的经历太灰暗，他跟养育者的关系太糟糕，那他就无法想象其他的关系会有什么不同。

我曾经看到一个非常形象的比喻：在现实生活中，当一把“刀”砍过来的时候，那些被充分爱过的人会反击或者逃走，而没有被充分爱过的人会任由“刀”砍向自己，导致伤口一次次加深，很难愈合。没有好好被爱过的人，在面对现实的绝望时，就好像遇上了这把刀，毫无招架之力，无处可逃。

如果你感觉到生活中总有一把锋利的刀让你无法逃脱，并且一次次地伤害你，你可以选择两种方式来活出自己：

1. 保持对自己持续的觉察，对自己的痛苦和反应具备更多的意识，尝试改变自己的应对模式，获得关系的新经验。

2. 选择心理咨询师的帮助，发展出矫正性的体验，获得跟他人进入深度关系的能力。

可以这么说：生活中几乎所有过不去的问题都是源于无法好好爱自己，而无法爱自己是因为没有被好好爱过。所以，被好好爱过，才是一个人一生中最重要的底气来源。

如果你缺少爱，就要有意识地去理解这一切，然后，创造更多的机会去疗愈自己，让自己成长。

## 孩子的安全感，源自父母

文：周丽瑗

在我的来访者中，有这样一个家庭令我印象深刻。40 岁出头的母亲带着孩子来见我，男孩只有七八岁的样子，小心翼翼的，依偎在妈妈的身边。他的妈妈告诉我，孩子应该是患上了恐惧症。我问她："你怎么理解这个恐惧症？"

她说因为孩子特别怕黑，晚上不敢一个人睡，以至于都七八岁了，还要经常钻进她的被窝一起睡，搞得爸爸只能睡书房。

因为她已经在学习心理学，意识到夫妻长期分床对感情是不好的，但是她又不知道如何让孩子跟自己分开睡，所以她非常想从我这里得到帮助，去消除孩子对黑夜的这种恐惧。

我跟这对母子深入访谈后发现，其实这个妈妈完全不懂自己的孩子！

## “其实我不怕黑”

我在问话的过程中看到，妈妈说任何话，孩子都会小心翼翼地看着母亲，眼神中有期待，也有一丝说不清的担忧。

我问孩子：“你怕不怕黑呢？”孩子沉思了一下，告诉我，他不怕黑。这个结果让妈妈很意外，妈妈立即追问：“那你为什么跟妈妈说你害怕一个人睡呢？”孩子听到后低下了头。

我轻声地对孩子说：“我看见我们聊天时，你一直盯着妈妈看，好像很小心，也好像很担心妈妈的样子。不知道阿姨猜得对不对？”

孩子点了点头。

我继续问：“那你是从什么时候开始这样小心翼翼的呢？”

孩子歪了歪头说：“最近半年吧。”

我再问：“那你最近半年有什么不开心的事吗？”

孩子说：“我也不知道，但我开心不起来，睡在床上会有些害怕。”

之前，妈妈说话的时候，孩子特别紧张。而当孩子说这些话的时候，我注意到妈妈也特别紧张害怕，两眼紧紧盯着孩子。我感觉这对母子的紧张害怕是紧紧联结在一起的。

这时，我大胆地问了一句：“我看到，好像妈妈轻松的时候你也轻松，妈妈紧张的时候你也紧张。是不是看到妈妈紧张，你就会不开心呢？”

孩子说了一段令妈妈惊掉下巴的话：“我觉得妈妈很孤独，我感觉爸爸对妈妈不好。他们总吵架，看到妈妈不开心，我就睡不着了，要跟妈妈一起才能睡得着。”

妈妈恍然大悟的表情告诉我，她从来没想到儿子这么担心她，原来只是以为孩子胆子小不敢自己睡觉，没想到是自己和丈夫的关系给孩子带来了这么多担忧。

## 孩子的不安全感，源自父母

英国心理学家约翰·鲍比，对第二次世界大战后受过创伤的孩子做了心理研究。那些早年与母亲分离的孩子，在人际关系的互动中有更多的回避和矛盾，属于不安全型依恋。不安全型依恋的孩子在成年后，想靠近亲密关系但靠不近，或者干脆回避亲密关系，采取自给自足的态度与人切断联结。

有的人在亲密关系中不停检查伴侣的手机，不停打电话给伴侣，伴侣稍有点情况，他就怀疑对方在外面有人了，会担心对方抛弃自己。他们渴望亲密关系，但又害怕被伤害。

经过深入聊天，我发现这个事例中的母亲就属于这个类型。孩子人格的地基取决于 3 岁前的安全感，而这种安全感取决于父母关系的稳定与否。如果父母是安全型的，他们给孩子的感觉是安全的，孩子就是安全依恋；如果父母是回避或者矛盾型的，早年没有被稳定对待，成年后就会在自己的婚姻里创造不安全型的环境，这种不安全会渗入孩子的内心。

孩子的安全感不只取决于父母对他好不好，孩子心理发展如何，还取决于父母的焦虑和不安全感，这会直接影响孩子安全感的形成。

有一句话是这样说的：对于孩子来说，最可怕的不是看到父母批评他们，而是看到父母不和，这于他们而言就像看到脚底下的地板裂开来一样。也就是说，孩子在一个没有安全感的环境下长大，对自己值得不值得爱是没有信心的，对别人是否值得信赖也没有信心。

只有足够的爱才能打好孩子的人格地基，一个安全感充足的孩子才有能力去面对长大后的风雨。

## 父母想要孩子有安全感，应该怎么做？

孩子的表现往往是家庭问题的最好反映。如果你想要孩子健康快乐，首先要给孩子营造健康的家庭环境，而其中首要的就是夫妻关系。

在给开篇提到的那个家庭做第二次治疗时，孩子的父亲也到了治疗室。每次父母讨论孩子的问题时，孩子的表现都很平静，即便父亲会偶尔批评他。但在谈论到父亲和母亲的问题时，孩子一只手抓住父亲，一只手抓住母亲，神色又开始紧张起来。

我询问孩子的感觉，他回答说："我很害怕。"

父亲紧接着问："害怕什么，难道我们对你不好吗？"

孩子摇摇头说："不，我不只要你们对我好，还要你们两个人好。"

可见，如果一个孩子是不安全依恋的话，他就会非常担心失去关系，所以他在家庭中也是特别操心的那一个。

父母要想让孩子有安全感，应该怎么做呢？

首先，父母自己要做好表率。前面提到，父母的不安全依恋可能会传递给自己的孩子，你在关系中投射出的任何不安全信号，孩子都接收得到，并不是你不跟孩子表达，甚至粉饰太平，就能瞒过孩子。孩子的安全感不仅仅来自物质的保障，还来自父母情绪的稳定。父母作为成人，要管理好自己的情绪，给孩子做出榜样。

其次，试着解决夫妻之间的冲突。夫妻之间有冲突并不可怕，对于孩子来说真正可怕的是，父母无法解决他们的冲突。长时期不解决夫妻之间核心冲突的家庭，其冲突最后必然以孩子的问题呈现出来。所以，作为成年人，面对自己的冲突并予以解决，才能提供给孩子真正的安全环境，而这才能塑造出安全型依恋的孩子的人格地基。

一个感到安全的孩子，才能在成年后带着内心稳定的感觉勇敢地走出家庭，才有勇气去探索世界，也更有底气去面对和处理属于他自己的亲密关系。

## 允许孩子表达情绪，让爱流动

文：JK 不二子

一次，我陪孩子在儿童乐园玩，看到一个小男孩的玩具被抢了，他哭着去找爸爸求助。结果，在一旁玩手机的爸爸很不耐烦，凶巴巴地冲孩子嚷嚷："哭什么？有什么好哭的？再玩别的玩具不就得了！不许哭！听到没有？"

小男孩愣了一小会儿，估计是没想到爸爸会是这种反应，接着，他哭得越来越响亮，场面一度失控。

这种情况太常见了，孩子受了委屈或者伤害，会很自然地表达出负面情绪，而很多父母的第一反应会是简单粗暴地喝止："不许哭！"不让孩子表达情绪。

否定孩子的情绪：再哭就不是男子汉！哭就不漂亮了！

也会有第二种反应——好言相劝，然后温柔地制止：你可以哭，但是不能哭太久，有什么你就说。

我们都知道第一种是不耐烦的父母，孩子不应该被呵斥，但我们往往没有意识到，看似温柔的后一种方式，同样是“温柔的暴力”。

因为，两者的目的都是阻止孩子的情绪表达。

从小到大，我们接受的教育是尽量控制负面情绪，最好不要表达。可是，阻止孩子表达自己的情绪，真的好吗？

## 被阻止的情绪，都停止了流动

每个人都需要表达生命的出口，情绪就是其中重要的一种。从某种意义上说，情绪也是一种能量，你不让它流动，它也总要有一个归处。

成年人因为心智相对成熟，有一定能力掌控情绪的流动。但是，孩子自我管理情绪的能力有限，如果父母经常忽视孩子的情绪，不培养孩子合理表达情绪的能力，本该向外流动的情绪无法流露，会让有些孩子选择自我攻击。

为什么有的孩子不能好好沟通，而用强烈的情绪表达自己？因为他们知道，自己说的话，父母经常听不到，或者不以为意，经验告诉他们：只有强烈的情绪才能被父母看见。

临床心理学家乔尼丝·韦布认为：如果父母没能给予孩子足够的情感回应，不关注孩子的真实想法，这种童年期情感忽视（Childhood Emotion Neglect，CEN）会造成孩子的低自尊与自卑，没有归属感，没有安全感，甚至陷入抑郁。

电影《神奇动物在哪里》里的默默然，因为从小被母亲虐待，母亲不允许他表达情绪，于是他一旦察觉自己被随便对待，就会爆发出一股毁灭性的负面能量。

不能流动的情绪会在孩子小小的身体里埋下记忆，随着年纪的增长，他们要么会外化攻击别人，要么会向内攻击自己，不管是哪种，都是孩子成长路上的阴影。

## 拥抱孩子的每一种情绪

为什么父母想让孩子停止情绪的表达，因为很多人下意识地认为，情绪是不好的。其实，就像硬币有两面，情绪也有两面。负面情绪和正面情绪同样重要，只有体验过悲伤的人，才知道快乐的可贵。因为体验丰富的情绪，生命才更加鲜活。

电影《头脑特工队》用五个情绪小人，来诠释一个人的基本情绪：喜悦 Joy、悲伤 Sadness、愤怒 Anger、恐惧 Fear 和厌恶 Disgust。在每个人的大脑中，都会有某种情绪作为主导者，每种情绪都有自己重要的作用，不同情绪的共同作用，组合成一个完整的人格：害怕，可以让你躲避危险；厌恶，可以让你远离伤害；愤怒，会让你对公正高度敏感；悲伤，会帮你获得他人的支持。

这些看似负面的情绪，只要合理表达，都有重要的意义。

孩子会对自己的情绪做出快而直接的反应，他们的哭闹背后，也许是害怕、无助、难过、愤怒，他们的笑容背后，也许是喜悦、满足、安心。重要的是，每一种情绪都需要被看见和尊重，而不是：不准再哭了，像什么样子？还有心情笑，作业做完了吗？

要知道，孩子不是为了情绪而产生情绪，而是为了得到爱和回应。

## 孩子的情绪，更需要被好好对待

成年人都有这样的体会：情绪低落时，最不想听到的就是建议和大道理，更何况是反对甚至攻击。孩子也是一样的。

孩子的情绪更需要被好好对待，因为这影响着他们未来如何对待自己和他人，用什么样的姿势拥抱这个世界。

1. 允许孩子表达：情绪本身就是一种疗愈。

别小看这份“允许”，这代表着父母接纳孩子、看见孩子、无条件地爱着孩子，是培养孩子内在安全感的重要方式。当孩子觉得在父母面前表达自己的想法是安全的，就会表达自己的各种情绪。孩子对自己情绪的认识和掌控是一个漫长的过程，每一次的情绪体验都是他们成长的机会。

拿哭闹来说，它是孩子表达情感的最常用的一种方式，也是孩子愈合感情创伤的必要过程。当孩子哭够了，自然会平静下来。如果父母强行制止孩子的哭泣，他的负面情绪没有发泄出来，创伤也就没有机会愈合。有时候，大人给孩子哭闹的自由，是为了给他们留下自我思考的空间和机会，让他们慢慢明白：哭闹不能解决这些问题，更重要的是哭闹之后的行动。

这就是孩子逐渐成长的过程。所以，当孩子出现负面情绪的时候，不要轻易给孩子贴上标签，而是主动接纳孩子的情绪。

2. 引导孩子去表达。

允许孩子表达负面情绪，不等同于父母放任孩子肆意发泄情绪，做出破坏性的行为。而是说，父母要体察孩子的情绪，给予他们更多支持，引导他们说出感受，让他们能更舒适地成长。

很多孩子不是天生爱闹，而是不太擅长表达。作为父母，首先要教孩子认识自己各种不同的情绪，面对喜悦、兴奋，面对忧虑、担心、害怕，如何表达和反应，会让自己的身体更舒服、内心更自在。如果孩子还是不会表达，不如先认同他们的情绪。比如，孩子特别不想练琴，有情绪但不表达，一个人闷闷不乐。一句“妈妈知道你现在对练琴这件事特别不耐烦”，就能让孩子舒服很多。

当孩子觉得自己的感受被认同，情绪就会慢慢平复下来，然后父母再引导他更细致地表达感受。有时候，表达情绪不只可以靠说，还可以通过写字、画画、唱歌、运动来实现，这些都可以帮孩子建立和自己内在感受的联结。无论是谁，这一生都要为自己找到一个自我生命存在的表达方式，通过这种方式慰藉和释放心灵。

电影《奇异博士》中几乎无所不能的古一法师说："我们永远无法消除我们的魔性，我们只能学会生活在它之上。"

情绪亦是如此，我们要做的不是消灭它，事实上它也无法消灭，我们要做的是学会如何与它相处，活在它之上。

# 妈妈的情绪，是孩子感知世界的第一站

文：杨思远

1957 年 8 月的某一天，英国伦敦，黄逸梵托人给远在中国的女儿张爱玲带话，说想在临终前看看她。张爱玲没有去，只寄了一张钞票。许多年后的美国，张爱玲常常面壁喃喃自语，外人不解，问她在干什么，她答道：“我在和我的母亲说话。”

张爱玲的一生过得很惊艳，但惊艳的底色却是灰色的。你总能从她的故事或者书里读到一点冷峻。有人说，那是她的爸爸带给她的；也有人说，那是她的爱情带给她的。但是，张爱玲却在自传体小说《易经》中以女主角琵琶的口吻说道：“爸爸从来没有伤过我的心，因为我从来没有爱过他。可你（母亲）不一样。你比他还过分。”

张爱玲人生里的灰色格调，与上述原因有很大关系。

## 孩子通过母亲的情绪感知世界

你有没有想过：就算经历了同样的事情，为什么有的人看起来每天都很快乐，有的人却习惯性地郁郁寡欢？你也许会说：嗯，他们的性格使然。可是，性格又是怎么形成的呢？

随着科学的发展，越来越多的实验证明，人的性格拥有某种天生的生物属性。譬如，糖皮质激素受体更活跃的人，天生抗压性更好；而皮质醇水平更高、心率更高的人，更容易自我压抑、烦躁和焦虑。除了先天的生物属性，一个人性格的形成，很大一部分还取决于他的成长过程。影响最大的，便是生命早期的依恋过程。

英国发展心理学家约翰·鲍比在 20 世纪 60 年代首先提出了依恋理论，该理论认为，一个人在早期和母亲的关系形态，决定了他的依恋模型。换言之，一个人在生命早期和母亲的关系怎样，长大后他和这个世界的关系就是什么样。

曼彻斯特大学的心理学教授爱德华·特罗尼克做的“静止脸实验”，更能说明孩子的性格与母亲的情绪密切相关。

在静止脸实验中，妈妈与一个 1 岁左右的宝宝互动：最开始，妈妈和宝宝打招呼，宝宝给妈妈反馈。宝宝随便指不同的地方，妈妈顺着看，给他鼓励，和他交流。用不同的表情变化配合宝宝的意图，宝宝表现得很开心。

然后，妈妈不对宝宝做任何反馈，面无表情。宝宝发现了不对劲，开始想办法引起妈妈注意。宝宝继续尝试对着妈妈笑，指向远方，妈妈仍然面无表情。不到两分钟，宝宝没有得到正常反馈，表现出了负面情绪，转身到处看，感觉到巨大的压力，最后开始崩溃大哭。

实验证明，在母亲毫无反应的这段时间，孩子的心跳加速，体内压力激素增加，如果持续下去，大脑关键部位的细胞可能死亡。

从这个实验中，我们可以清晰地看到，孩子是通过母亲的情绪了解这个世界的。如果一个母亲总是很快乐，孩子也会体验到这个世界充满快乐，他的性格里就会多一些明媚的气息；反之，如果一个母亲总是很阴郁，孩子就会觉得世界阴云密布，他的性格里就会藏着狂风暴雨。

### “我不是不想快乐，是不敢快乐”

小慧是我的一位来访者，我们第一次见面，在五十分钟的咨询中，她哭了四十五分钟。剩下的五分钟，她重复表达了一句话：我活得一点都不快乐，常常觉得死了算了。

你知道这不快乐的背后隐藏着什么吗？我们回到小慧的人生轨迹里，看看其中是否也有你的故事。

小慧说，她的母亲出生在农村，家境贫困，很早就辍学了。

为了改善家里的经济状况，小慧的外公做主，把她嫁给了富有但双腿残疾的小慧爸爸。

大概有种自己的青春和人生被毁灭的绝望感，小慧母亲常常表现出极深的怨气，整日闷闷不乐。小慧从小就能感受到母亲的这种情绪。面对这样的母亲，她不知道怎么办，只是觉得自己也不应该快乐，只有自己不快乐，才意味着是在陪伴母亲，和母亲在一起。同龄的孩子嘻嘻哈哈时，小慧总是习惯性地低着头，也不太喜欢和小朋友们一起玩儿，总觉得自己没什么快乐可言。

看到这里，你也许明白了：小慧的不快乐，源于年幼时母亲的不快乐。孩子具有天生认同母亲的倾向，当母亲悲伤难过的时候，如果自己体验到快乐，就会感到内心不安，觉得自己在背叛母亲。

为了不让自己体验到背叛和自责，孩子会压抑自己的快乐，用不快乐来表达对母亲的认同和爱。像小慧这样，面对一个不快乐的母亲，她自己不是不想快乐，而是不敢快乐，因为在她的记忆深处，住着一个幽怨的妈妈。这个幽怨的妈妈不会因为孩子获得了奖项就开心，也不会因为孩子关心自己就高兴，无论孩子做什么，妈妈都一样幽怨。这份幽怨就这样通过长时间的沉淀，内化成了孩子性格的底色。

## 快乐的妈妈，培养出自信的孩子

一个不快乐的妈妈会培养出一个不快乐、不自信的孩子。反之，一个快乐的妈妈则会培养出一个敢于做自己、勇敢自信的孩子。

陈小春、应采儿这对欢喜冤家，是娱乐圈中比较稳定和长情的一对。陈小春曾在电视节目中坦言，自己会和应采儿结婚，最重要的原因是她来自一个非常有爱的家庭，开朗、快乐，这弥补了他由于原生家庭而导致的抑郁气质。应采儿的快乐不仅影响了陈小春，更影响了自己的儿子 Jasper。

在综艺节目《爸爸去哪儿》中，陈小春因为 Jasper 拿着喇叭嬉笑大喊，格外生气，那气场之大，让大人看了都想退避三分。可 Jasper 面对怒气冲冲的爸爸，不仅没被吓哭，反而拿起扬声器，用温和的口吻对陈小春说：“Can you stop angry now（你现在能不生气吗）？”然后自动关闭了扬声器。

小小年纪的 Jasper 面对爸爸的怒火，没有心生恐惧，反而笃定地要求平等对话，温柔地表达自己，无疑展现了一个孩子的勇气和自信。

母亲是孩子一生中最重要的一面镜子，如果有一个快乐的妈妈，孩子照见的自己，是被接纳的、有人支持的、可爱的、勇敢的、自信的；倘若有一个不快乐的母亲，孩子在镜子里看见的，是一个不该快乐、不被喜欢、缺乏勇气和自信、孤独的自己。

每个母亲都希望自己的孩子明媚如阳光、灿烂若夏花，那么，就让你自己先成为一个快乐的妈妈吧！

## 高情商的父母，如何管理好自己的情绪

文：茗荷

晨跑时，碰见一个七八岁的孩子跟妈妈一起走着，孩子大概累了，跟妈妈发脾气说：“我不要走了，太累了！”边说边跺脚。妈妈一听，有些不高兴：“是你说要跟我来的，现在不走，别指望我背你！”孩子仍然跺脚表示不走了，妈妈很快变得烦躁起来，上去揪起孩子的耳朵开始吼：“叫你不要来你非要来，走，今大就是累死了你也要走！”

孩子一边哇哇大哭想办法挣脱妈妈的手，一边异常暴躁地踢着旁边的垃圾桶。

这样的场景，我很熟悉。很多时候，因为一些小事，父母和孩子的情绪一经点燃就难以平复，彼此的矛盾不断升级。所以，在面对事情时，父母及时调整好自己的情绪，给孩子做好榜样，就显得尤为重要。

## 父母处理情绪的样子，会遗传给孩子

父母的情绪往往来自自身的生存压力，同时对孩子的期望又过高，父母就很容易心力交瘁。下班回家，他们会习惯性地把压抑了一天的情绪向家人宣泄出来。孩子处在紧张和冲突较多的环境中，不仅容易生病，自身的情绪和行为也会变得不稳定。

我的一个邻居就是这样。她总会歇斯底里地打骂孩子，窗外常常传来孩子撕心裂肺的哭声。孩子 6 岁，确实淘气了些，但总这样大动干戈，可见妈妈的情绪是很不稳定的。在外也是这样，我曾看到她在公园和一同跳广场舞的人，因为一点小事就吵翻了天。有一次，孩子和小伙伴产生冲突，她显得异常激动，骂骂咧咧，又拳打脚踢，还好对方家长及时赶到，没有造成更大的伤害。

在情绪的处理上，我的一位闺密就做得很好。她好几次向我表达了“非暴力沟通”的神奇效果。面对孩子的无理取闹，她不会抱怨，而是非常冷静地跟孩子谈，约法三章。她们双方都同意，当自己想要发脾气的时候，就说一声“stop”，另外一方就要停止，否则就会有冲突。

她有好多次想发脾气，都用“stop”制止了自己，而且孩子也因为听到信号就停止了，没有继续激化矛盾。她说，她之前看过研究说：“极端的愤怒，一般持续不会超过十二秒，控制好这十二秒，就能控制好负面情绪。”

所以，她和女儿约定，两个人冷静十二秒，觉察自己的情绪，然后再进行沟通。最重要的是，这样的次数多了，孩子也慢慢对自己的情绪有了更多的感知。

## 高情商的父母是怎样做的

父母如果想要管理好自己的情绪，就要对情绪的生灭有一个基本的认识。知道如何跟孩子相处，找到良性解决问题的模式，可以试着这样做——

1. 面对情绪，保持接纳和觉察。

成年人在发脾气、吵架甚至殴打孩子的时候，往往处于失控的状态，头脑一片空白。事情结束之后，他们又万分懊悔，觉得自己伤害了孩子。但下一次面对同样的情况，他们又会重复这个模式。虽然嘴上一次次说着“我要改掉坏脾气”，甚至去参加各种静心的活动，但效果并不好。为什么呢？

当你把情绪当作敌人时，其实你有很大一部分的力量花在对抗和拒绝上，情绪本身其实是中性的。以前的你对自己的情绪没有觉察，而现在当你发脾气时，内心有个声音在提醒你“你又发脾气了，亲”，其实这就是一种进步。

或许我们可以换个思路，“哦，我的考验又来了，看看这次我怎么表现”。当你有所觉察的时候，更能控制好自己的情绪。

2. 当情绪升起时，试着调整认知。

多年前，我和朋友去丽江旅游，我们进了一家客栈，老板说："来，这是最后一泡茶。"朋友的女儿很沮丧："啊，怎么就剩最后一泡了！"朋友却微笑着对她说："别这样想，这是一种幸运。还好，我们还能赶上最后一泡茶。"女儿听了，眉头也舒展开来。

很多人面对这种情况，懊悔的是怎么没有喝到头道茶，只能喝到最后很淡的茶。但朋友却觉得，能喝上最后一泡茶，也很幸福。

美国心理学家阿诺德曾提出情绪的评定。这种理论认为，情绪产生的基本过程是外界刺激—评估—情绪。也就是说，同一情景，由于你对它的评估不同，就会产生不同的情绪反应。事件本身是客观存在的，面对同一件事情，每个人的认知不同，由这种认知所引发的情绪也不同。所以，当你觉察到情绪升起时，要试着调整自己的认知，反复地问自己，事情有没有可能更好。

3. 打破"完美父母"的形象和要求。

有不少的父母，没有学习任何亲子教育的时候还心安理得，一旦学了知识之后，反倒伸展不开手脚了。"啊，我刚才那么骂他，这会给他造成什么心理阴影？""我怎么忘了原生家庭对人的重要影响，乱对孩子说话？"

面对类似的困惑，我最想说的是"放轻松一点"。我们不是完美父母，也没必要要求自己做到完美。不管你多么努力为孩子投人，孩子一样会在成长的过程当中，觉得有什么地方你做得不够好。我们在过好自己、让自己开心的同时，尽力为孩子成长创造好的环境即可。每对父母和家庭都不同，每个孩子也不同，尽力根据自己的实际情况来做就好。

你控制不住发了脾气后，别害怕，该反省反省，该向孩子道歉就道歉，你的孩子没你想的那么脆弱，真实的父母是最有力量的。

4. 把重点放在“可以改变”的部分。

如前文所说，当我们接受自己的不完美时，就应该把注意力更多地放在自己可以改变的部分。少点抱怨，多点积极的行动和改变。比如在跟孩子的交流中，多去发现他的情绪来源，是不是从大人的日常行为模式中习得了这种表达方式。

多问问自己：事实是什么？我能做什么让孩子的情绪处理得更好？想清楚这两个问题之后，再配合行动，孩子的情绪就减少了。

如果你特别有行动力，很少情绪失控和抱怨，孩子都能够看在眼里。遇到问题之后，他的思路可能也会变成这种模式，从而能更好地处理问题和情绪。

要记得，你处理情绪的样子是会遗传的。只有高情商的父母，才能培养出一个情绪稳定、健康的孩子。

# 无条件接纳，守护孩子的独特之处

文：周周

每年的 8 月 14 日是“国际左撇子日”，一个你可能没听过的“节日”。

关于左撇子，很多人身边都有一个雷同到让人惊讶的事实——我遇到的所有左撇子，几乎都被父母“掰回”了右撇子，这大概是很多左撇子的童年阴影。

在这个教育资源极度丰富的时代，我们经常会讨论什么才是合格的父母，站在父母的角度，或许是这些：孩子被人夸奖懂事有教养，有一技之长，长大后工作体面事业有成，等等。

但站在孩子的角度，哪些才是孩子认为的最好的父母呢？我一个朋友在一个夏令营里找到了答案。

## 不接纳的父母，如何挑剔孩子

朋友琳暑假在一个夏令营兼职，学员都是 10 岁左右的孩子，营地心理老师和孩子们开了个小型座谈会，主题是：你认为什么是最好的家庭教育？

原以为这样深层的社会问题会难倒孩子，但让人意外的是，他们的反应都很热烈：

“我想让爸爸同意我报画画班，而不是说画得再好都不如考试分数好。”

“我想让妈妈不再强迫我喝牛奶，我不就是个子矮一点吗，但我很健康啊。”

“我想穿漂亮的裙子，可是妈妈说我的腿没有朋友笑笑的长。”

…………

孩子们一股脑地将对父母的期待和不满倒了出来，当老师将话筒递给最后一个孩子时，孩子说：“我希望妈妈喜欢我的左手。”老师很诧异地走向孩子，看到他正在用左手摆弄着鞋带的绳结，于是知道了：他是个左撇子。

孩子说，他的妈妈一直听信祖辈的传言，说用左手不正常，代表愚笨。所以每当妈妈发现他用左手吃饭、写字时，都会立即阻止，粗暴地将他左手里的筷子、笔、玩具夺走，并强行塞到右手里，没有一句安抚和解释。

历经无数次的干预之后，他右手的能力是得到了提升，但他的内心却多了一份不安：

为什么用左手就是错的？

妈妈为什么不喜欢我的左手？

妈妈是不是不喜欢我？

的确，关于左撇子的一些传言我也听说过，早年英语里的“左手”包含了“愚笨、不灵活”的意思，欧洲很多国家都曾视左撇子为残疾，导致大部分的父母都避之唯恐不及，唯恐孩子被他人视作残疾。

如今医学早就为左撇子们正名，他们非但不是残疾，而且右脑甚至比一般人更加发达。人们这才对左撇子有了更多的接纳，但不掰正孩子左撇子的父母还是很少。

有心理学家说，左撇子只是父母压制孩子天性的一个缩影。如果父母对孩子不够接纳，即便那个孩子不是左撇子，父母也会挑剔他的其他地方，最终导致孩子自我怀疑，比如前面被父母挑剔成绩、不喝牛奶、腿短的孩子。

## 我们满嘴是爱，却给孩子无形伤害

人们总说，天下没有不爱孩子的父母。但孩子到底最想要什么样的爱，却很少有人去探究。父母都凭着本能去养育孩子，在无意识中给孩子造成了很多伤害。读者青青说，她就经历过无法释怀的伤害。

青青出生在城市，从小多才多艺，学习成绩又好，但是父母几乎不会夸奖她。

这都不要紧，有一年看春节联欢晚会时，青青看得哈哈大笑，没想到妈妈突然一声呵斥："把嘴巴闭上！"

正高兴的她感到莫名其妙："妈妈，为什么？"

母亲接下来的话她一直没忘，这句话将她的自尊和自信一并带走。她说："你的牙齿这么难看，以后都不许张嘴大笑，知道了吗？"

青青哑然，那个春节连带着她往后的所有欢乐，都封锁在了妈妈那句"把嘴巴闭上"的禁止声里。从那以后她变了，从原本的开朗活泼变成腼腆内向，大家都不知为何，只有青青明白：她需要藏起那几颗不整齐的牙齿。

像青青这样的孩子很多，被父母挑剔、打击。但在孩子还小的时候，父母是孩子最信赖的人，他们通过父母去认识世界，于是，当父母说孩子不可爱时，孩子会自动加工为：全世界都认为我不可爱，我不好。

这是多么可怕的逻辑，但又真切地发生在很多的家庭里。当父母无法接纳孩子的某个身体部位，或者某个特别的行为，甚至去强行掰正孩子时，孩子就会自动做起父母的帮凶：压抑自己的天性，排斥自己，龟缩到只有自己的世界里。

## 被父母满心喜欢的人，都成了人生赢家

我听说过一则寓言，平民问上帝：为什么这世界上这么多孩

子，但只有很少人能成功和幸福呢?

上帝回答：因为很多孩子头上的犄角被剪掉了啊。

平民不懂：什么犄角?

上帝回答：犄角就代表孩子的特质，有些孩子的犄角被呵护得闪闪发亮，而有的犄角却被迫盖上了遮羞布，这就是父母与父母的区别。

这虽是一则寓言，却隐喻了父母对孩子是接纳还是排斥，会如何影响孩子的人生。这个“犄角”可以是孩子的左撇子、不够好看的外表、音乐的天赋等。它们需要被呵护，而不是被压制、被掰正。

心理学家武志红说：所谓无条件接纳，就是对孩子满心地喜欢。这种喜欢和爱不同，是一种建立在父母健康自尊之上的智慧，是切实做到了跨越美丑胖瘦、智商高低的一种发自内心的欣赏，是将孩子当作一座宝藏，去源源不断地发掘出他的魅力。当孩子遇到这种父母，即使他再平凡，也如同插上了翅膀的天使，自信和快乐就成了他显著的标签。

在电影《奇迹男孩》里，儿子在他人眼里如此不堪，仿佛是上帝给这个家庭最粗陋的礼物，而母亲却慧眼独具，洞察到孩子内里的光芒，最终将满满的喜欢赠予孩子，让孩子从跌跌撞撞，到昂首阔步，到深信自己是美好的。

心理学家弗洛姆说：只要是我爱的人，我就应该接受他本来的面目，而不是要求他成为我希望的样子，以便我能把他当作使用的对象。

这句话一语中的，给出了“什么是最好的家庭教育”最佳的答案，那就是：当父母能守护好孩子的本色，并呵护好孩子的独特，不用外界的眼光去压制孩子，那么他们就会带着父母满满的喜欢和爱，迈向最美好的未来。

# 社交力：
# 陪孩子终身成长

# 为什么我的孩子没朋友?

文：张德芬

现在的父母都非常在意孩子的教育，我个人以为：在学习能力、独立思考能力之外，很多父母都忘记教孩子“快乐的能力”。因为大多数的人在成年以后，会被童年时期形成的“不良模式”操控，以至于做出对自己不利的事。如果拥有快乐的能力，这个人的幸福度就会比较高。

我想，所有父母都希望自己的孩子是幸福的吧。很多父母是从让孩子更快乐的初心出发，却做了一些残害孩子幸福的行为，不是因为他们不想孩子快乐，而是他们不知道什么东西可以带来快乐。所以，“快乐教育”真的很重要，孩子从小就要养成一个中正的态度：我做事是让自己快乐，而不是为了其他人。

## 别人好，要为他高兴

在快乐的能力当中，我觉得非常重要的一点就是“为他人高兴”的能力。从小，父母就总喜欢拿我们和隔壁家的孩子比较。在学校也是，总有人会得第一名，赢得冠军，出了风头。相较之下，其他人就被比下去了。所以，当我们看到别人成功、快乐的时候，很难为他高兴，甚至会为自己难过。久而久之，孩子往往很难按照自己的意愿去交朋友。

如果从小父母就告诉我们：“听说隔壁家的王大头得到了作文冠军，这孩子挺好的，真是为他们高兴。”作为孩子，我们会去“侦测”父母的话中的能量。如果父母的能量是真的高兴、开心，没有任何为自己惋惜或嫉妒的话，孩子就会放心地为朋友高兴。这样，一个最难得的美德就形成了。

还记得《甄嬛传》吗？里面所有的“坏”妃子，都是由于“嫉妒”这两个字引起的。明明知道皇上是后宫妃嫔共同拥有的资源，但就是看不得别人得宠。那几个人最后的结局，几乎都是在几近疯狂的精神状态下被处死或自杀。甄嬛的不同之处，也是让她能笑到最后的原因，就在于她不会被嫉妒驱使着去做伤害别人的事。

她后来“学坏”了，开始设计陷害皇后，因为她知道，她们两个无法并存于世，只要对方活着，她就不会有安宁的日子，所以不如先下手为强，这并不是因为嫉妒。我认为，一个人的人品主要体现在两个关键时刻：

1. 他的利益被侵犯时，他的应对态度。

2. 对于自己非常想要的东西，他用什么手段得到。

而嫉妒，会让一个人在面临上面两种考验的时候，更加疯狂，不理性，甚至做出不道德的事。

## 吃亏，是可以的

顺着这个思路走下去，我们除了能为别人高兴之外，是否还更能够考虑到双方的利益，总是寻求“双赢”的局面，而不会弄成两败俱伤呢？就像甄嬛，她回宫后发现自己的女儿和她一点都不亲，比较喜欢养母敬妃。甄嬛很受伤，而敬妃忌惮甄嬛向她要回女儿，开始疏远甄嬛，甚至设计陷害她。这个时候如果情感作祟，面子最大，甄嬛可能会坚持要回女儿，树立一个敌人。

但是甄嬛很快就放下了这件事，毕竟自己有对双胞胎要照顾，也很忙。而敬妃照顾女儿尽心尽力，比她更适合抚养这个孩子，她何必多给自己制造一个敌人呢？于是，她大方地让敬妃照顾女儿到出嫁。敬妃感激涕零，在后来的一场致命危机中，她挺身而出维护甄嬛，在甄嬛和皇后的几次争夺中都帮上了忙。在这件事里，甄嬛促成了一个双赢的局面，但前提是她吃了亏——放弃了自己抚养女儿的机会。

我观察生活中的人和事，发现那些一点亏都不肯吃，吃一点亏就要花多倍的时间和精力去讨回“公道”的人，其实最后都不是活得舒适自在快乐的人，反而是长久处在锱铢必较的焦虑状态。

所以，父母可以进一步教导孩子的原则就是：吃亏是福。

很多人觉得，在这个弱肉强食的社会里，如果秉持着“吃亏是福”的心态，可能要被人欺负、占便宜了。其实，所谓的愿意吃小亏，是因为心胸宽大而自然呈现出来的大无畏的气度和格局，而不是怕事，为了息事宁人而认输吃亏。这两种能量场的差异，别人完全能够感觉到。后者会招来更多人对你的欺负、利用或霸凌，而前者则是受人尊重的。

## 学会承担一点风险

父母的精神状态无时无刻不在影响着孩子，父母有一种状态是最可怕的，就是焦虑。他们一点压力都不愿意承担，整天担惊受怕，把自己的恐惧投射到爱的人身上。很多父母就是如此，只能听好消息，坏消息一点也听不得，一点小事就可以让他们整夜不睡，思虑担心，然后一直问你、烦你，直到事情“变好”为止。所以，在这些人面前，你的所有事情不得不“变好”，因为他们担负不起任何可能会发生的不好的事。

害怕承受压力的人很多是天生的，他们生性就喜欢担忧，总是想把所有事情都掌握在他们可控的范围内。其中，很多人会发展成强迫症。所以，要学会和自己的脑袋对话，当脑袋又在用过去发生的各种危险事件来威胁、警告你未来可能面对的危险时，你要去觉察：这是合理的警告还是过度的忧虑？

通常这种情况发生一两次算是合理的，如果挥之不去，而且必须去采取行动时，你就要注意到自己的强迫性思维了。除了找专家调节，维持一个高度的观察者的临在也很有帮助。

和这种有强迫性思维的人在一起，非常辛苦。你要和他们耐心沟通“你多虑、过虑了”，同时在他们忧虑发作、恐惧过多的时候，保持中立的态度，耐心提醒他们要加以注意，而不是被拉入他们的剧情和他们胡搅蛮缠。

孩子一个很重要的能力就是快乐的能力，而其中一个重要的技能就是为他人高兴的能力，继而他才能有创造双赢局面的能力。另外，孩子可以吃点小亏并承担一点压力。

如果我们在孩子小的时候就有意识地将这些观念传授给孩子，无疑就是给孩子的最好礼物。

# 强迫孩子打招呼，可能只会适得其反

文：茗荷

小时候一到过年，最尴尬的不是被亲戚拉着问这问那，而是见到那些亲戚根本不知道该怎么称呼。

不主动、热情地称呼长辈，别人会认为你没礼貌：

“这是三姨，快和三姨问好啊！”

“快叫舅舅啊，连舅舅都不认识了？”

“这孩子，真不懂礼貌，连你姑姑都不叫。”

…………

我们从小被教“懂礼貌”，可是“懂礼貌”的标准是什么呢？

## 不要轻易给孩子贴上“不懂礼貌”的标签

记得我小时候，也经常会被大人要求向这样那样的叔叔阿姨问好，当然，因为我那时比较乖巧，也都是配合的。但有了孩子后，老一辈这样要求我的孩子时，我却经常感到反感和排斥。

因为我发现，我的孩子一旦不配合，就会被他们评价为“不懂礼貌”。

我思考过为什么一出现这种场景，我内心的反感就自动升起来。后来发现，这种带有半强迫性质的“指令”深深地勾起了我童年时候的不良感受。虽然小时候的我善于体察父母的情绪，很好地做了配合，并被大人们表扬“有礼貌”，但我内心感觉并不舒服，只是不知道怎么去表达。

所以，当类似的情景出现在我的孩子身上的时候，那些埋藏在心底的感觉就被翻了出来。加上我知道孩子跟我一样，面对不那么熟悉的人是需要时间去适应的，我就不再逼迫孩子去打招呼了。

## 为什么很多孩子不愿意和别人打招呼？

大人让孩子们讨厌的几句话常常是：

你还是小孩子，你什么都不懂！

你还是小孩子，你哪里来的自尊心？

你还是小孩子，你要听我的！

…………

在这些观念的主导下，孩子会被要求跟刚刚见面的陌生人打招呼，有时候还会被对方摸头、捏脸。在这个过程中，我们其实忽视了一点：孩子是独立的个体，我们要尊重他的感受，他的情感联结需要适宜的时间和事件。

不够熟悉的人见面，孩子会有一个观察和接受的过程，很多孩子无法做到迅速适应成人世界的“礼貌”规则，他需要在短时间内完成“这是谁”“他来干什么”“他身上有好吃的吗”“他凶不凶”等一系列心理判断过程，然后再决定他的接受度。

但是，即便孩子不主动和人打招呼，当他要与眼前这个人发生互动，比如对方有他需要的东西，或者可以提供他需要的帮助时，孩子就会非常自然地跟对方打招呼。

比如，我家孩子看起来比较可爱，在电梯里总有并不熟悉的人跟他说话，有的邻居在并不熟络的情况下，过来捏一下他的脸，摸摸他的头，这时他就表现得极度厌恶，甚至想反击回去；有的邻居，看见他拿的书、背的书包，会好奇他在读什么，这时孩子就会一改平日不搭理的态度，熟络地跟邻居互动起来。

孩子不愿意跟不熟悉的人做形式上的互动，是非常本能的一种自我保护，也是真实意愿的展现。

## 强迫孩子讲礼貌，可能适得其反

在培养孩子讲礼貌方面，强迫孩子可能会适得其反，因为这样做会增强孩子的羞愧感和标签感。

当孩子不能迎合父母“我有一个讲礼貌的孩子”“我的孩子很有教养”的需求时，就会遭受到指责和批评。孩子会感到羞愧，久而久之，会给自己贴上“不讲礼貌”的标签。即便他想突破自己去表现得彬彬有礼，也不太自然，于是索性就安安静静地接受父母“我的孩子不懂礼貌”这个评价。

另外，强迫孩子讲礼貌还会让孩子有不被尊重的感觉。霍夫曼斯塔尔说：“礼貌建筑在双重基础上：既要表现出对别人的尊重，也不要把自己的意见强加于人。”父母想让孩子像大人般讲礼貌，首先得尊重孩子，这也是最起码的礼貌。不能一味地要求孩子笑面迎人，而自己却凶神恶煞地对待孩子不礼貌的行为。这样做只会让礼貌流于形式，并让孩子有不被尊重的感觉。

更何况，成人世界里的那些基本礼貌，孩子长大之后自然就会了。过早地要求他按照成人世界的方式来行事，往往会适得其反，激起孩子的逆反心理。

## 真正的礼貌，从不流于形式

我们要求孩子讲礼貌，除了有面子上的需求，可能更多的是希望孩子能够适应人际交往准则，拥有更好的人际关系。但我们可能需要提醒自己：礼貌并不仅仅等同于形式上的嘘寒问暖、周到客气。决定人际关系质量的，是在交往当中透露出来的尊重、同理心、界限感等等。

麦子最近相亲认识了一个人，给她的印象特别好。对方有很好的学历背景，举手投足都显得彬彬有礼，对她也很绅士，但她总是觉得哪里不对劲，可是又说不出来。两人经常见面，有一天，麦子和他一起出去吃饭，服务员不小心把汤泼洒在了他的衣服上。服务员赶紧赔不是，并帮他擦衣服。麦子觉得不是大事，就一直说“算了”，可他不依不饶，叫来了店长，投诉服务员业务水平不专业，这让麦子突然觉得他的“教养”实在是虚伪至极。

脱离了情感的礼貌，只是一种冷冰冰的完美形式。真正的礼貌，应是一种同理心和情感上的联结，既不过分热情，又透着友好之心，让对方感到舒适和适宜。

我的奶奶是大户人家出身，在女子普遍没机会受教育的年代里，她读了女子师范，琴棋书画都略懂一二，也算是那个年代的才女了。然而，她给我印象最深刻的，恰恰是她的礼貌。她走路的时候，如果绊到一个石头摔了跤，都会把石头捡起来丢到旁边去，她说：“这样，别人就不会摔跤了。”

奶奶过世多年，这种场景仍然留在我的心中，我们家人也都保留了这个习惯。真正的礼貌永远不是空洞的形式，而是实实在在的行为，是发自心底的善意。

与其胁迫孩子去讲礼貌，追求形式上的完美，不如尊重孩子的做法，以爱为出发点，用自己的言行感染他。

# 给孩子立三观，第一位是“胜负观”

文：JK 不二子

到底要不要教孩子“赢”？有的父母认为，人生就是一场赛跑，你不鼓励孩子赢，孩子就会一直输；有的则认为，胜负并不重要，过程要开心，参与比取胜更重要。

越来越多的父母赞同后者这种“佛系”观点，孩子开心最重要，能不能赢，无所谓。

“输赢”到底重不重要？这大概是所有父母都要面对的一个困扰。作为一个理性的妈妈，我的回答是“当然重要”，而且，影响孩子一生的，除了金钱观、生命观这些常见的观念，还有一个重要的观念——输赢观。

## 想赢的孩子，值得鼓励

这是一个真实的故事。

20 世纪 30 年代，英国有一个叫玛格丽特的小姑娘，自小就受到严格的家庭教育。父亲经常向她灌输这样的观点：无论做什么事情，都要力争一流；永远做在别人前面，不能落后于人，即使是坐公共汽车，你也要永远坐在前排。

对年幼的孩子来说，这位父亲的要求可能太高了。可是，小玛格丽特也因此拥有了一往无前的精神和必胜的信念。她总是尽自己最大的努力做好每一件事，事事力争一流。上大学时，别人要学五年的拉丁文课程，她只用了一年，而且成绩优异。校长评价她说："她无疑是我们建校以来最优秀的学生，她总是雄心勃勃，每件事都做得很出色。"

四十四年后，她成为英国第一位女首相——她就是被世界政坛誉为"铁娘子"的玛格丽特·撒切尔夫人。

不一定所有人都会赞同玛格丽特父亲的严格教育，但不可否认的是，从小让孩子有上进心，对他的长远发展是有益的。孩子的成长是自我认同的过程，实现自我价值是人类最高层次的需求——想赢，就是最直接的体现方式。

一个孩子，如果过早就看淡了输赢得失，对事情都是无所谓的态度，就会变成一个没有上进心的成年人，慢慢废掉。孩子想赢，父母应该去鼓励，因为成功的体验对孩子的发展有很大的正强化作用。

## 输，并不丢人

“想赢”的上进心，是很正常且健康的心理状态，很多父母担心的其实不是孩子“太想赢”，而是孩子“输不起”。

《爸爸去哪儿》第三季有两个很经典的片段。“拳王”邹市明的儿子轩轩在“抠玉米”比赛中，看到爸爸失利，不依不饶，要爸爸“现在就赢”。和小朋友比赛吃西瓜，轩轩怕输给别人，边吃边哭：“我不想输，谁来帮帮我呀？”

那时，轩轩才 4 岁多，却有极强的胜负感，处处体现好胜心，因为他知道自己“不想输，只要赢”。邹市明是世界冠军，这个身经百战、深谙输赢之道的爸爸对儿子说：“你不能只想赢，也要学着输。输，并不丢人。”后来，这个好胜的小男孩在爸爸输了之后，真的去安慰爸爸：“输了没关系，重新来。”

是的，输，不丢人。人生是一场漫长的马拉松，没有人可以一路以第一名的姿态赢到最后，有输有赢才是人生的常态。

相比于教孩子一往无前地赢，更重要的是怎么让孩子学会坦然地面对输。会“输”的孩子，一般来说，也能更好地迎接“赢”。

## 不论输赢，接纳最重要

其实，输了之后，孩子不能接受的不是结果，而是失败的自己。父母这个时候要做的，就是让孩子学会接纳失败，接纳自己。父母可以从两个方面来引导孩子树立起正确的胜负观。

1. 多问孩子，而不是盲目提供帮助。

无论孩子遇到什么困难，家长都不要迫不及待地帮孩子实现目标，而是应该先问问孩子，多关注过程。比如，你做了什么？没做什么？你觉得失败的原因是什么呢？多讨论目标。比如，你为什么那么想做到 / 得到？意义在哪里呢？多讨论方法。比如，怎么做会更简单？下次不再犯这样的错。

著名教育家赛德尔兹对儿子遭逢失败后所做的教育就很值得借鉴。儿子是全班年龄最小的学生，7 岁时就完成了小学教育。有一次，学校组织体育比赛，结果他得了倒数第一，自然非常难过。“我真是太笨了！竟然得了倒数第一，太丢脸了。”儿子沮丧地说。

“是啊，最后一名不光彩，可是你想过其中的原因吗？”

“是什么原因？”

“年龄。你的对手都是比你大好几岁的孩子，他们比你跑得快，这很正常。”

“可是我不能因为年纪小就比他们差呀！我的学习比他们优秀，但体育一项太差了，多丢人啊！”

“不，你这样说不准确。智力是通过教育和勤奋得到发展的，但年龄却是任何人都不能改变的。他们比你跑得快，完全是因为他们年龄大、个子高，腿比你长。我肯定，等到你长到十一二岁时，一定比你的同学跑得快。”

2. 引导孩子和自己比。

所有的竞争，最后都可以归结为与自己的竞争。我们应该告诉孩子的是：今天的自己比昨天的自己有进步就是一种赢，竞争并不是唯一的生存方式。我们可以从这三个方面来引导孩子：

“我是”，让孩子有积极的自我评价。通过父母的肯定和强化，让孩子知道自己是一个什么样的人。

“我有”，让孩子清楚自己的储备库里有什么，自己都有哪些资源。比如，他有可以信任的大人，情感上的安全感。

“我能”，让孩子对自己的能力有信心。比如，我能找到解决问题的方法，我能控制自己的情绪等。父母多给他提供机会，让他独立完成事情，解决问题。

我很欣赏综艺节目《少年说》里一个妈妈的做法。

小吴在重点中学就读，经常考年级第一名，有这样的儿子，绝大多数父母高兴还来不及，可是，小吴的妈妈想得更长远——比起名次，她更在意儿子对输赢的态度。儿子在课桌上写着“第二就是落后”以激励自己。她觉得儿子太在乎赢，人生格局会变小。她希望儿子知道，人生除了学习外，还有许多可以观看的风景。

她对儿子说：“无论你是否考第一，在我心里你都非常优秀。”

为了优秀而优秀的孩子很难获得幸福，为了幸福而幸福的孩子也很难成长得优秀。只有那些接纳自我，通过超越自己实现自我价值的孩子，才有可能成为真正幸福的人。

其实，我说输赢重要，是因为我们无法回避输赢。好的人生，是用正确的态度去拥抱输赢，与之共处。敢去赢，不怕输，如此才能活出真正的自己。

## 好的同胞手足关系，一生亲密

文：JK 不二子

知乎上有一个接近 900 万浏览的问题——“姐姐让着弟弟”的教育方式会产生什么影响？有几个热门答案惊人地相似：明明是出生时间只相差两分钟的龙凤胎，姐姐却从小就被教育要让着弟弟。有的姐姐养成了不敢为自己争取、凡事忍让的性格，有的姐姐则被动地早早独立，只靠自己反而有了精彩的人生。

很多独生子女可能不太了解这种感受，但是在二胎、多胎家庭中，“让”的教育方式对孩子和同胞关系的影响，却是实实在在存在着的。随着二胎政策的不断深入实施，“家有二孩”已经越来越成为主流，父母如何与两个甚至更多的孩子相处，进而处理好孩子之间的关系，将影响整个家庭的氛围和未来。

### 同胞竞争障碍，是因为严重缺爱

2017 年《中国儿童安全成长报告》指出，从孩子的角度来看，

“父母生二胎”和“别人对自己的理解”是孩子最焦虑的两件事。二胎的到来，使得孩子变得紧张焦虑，甚至患上同胞竞争障碍，这种情况并不少见。

有一个新闻，说的就是这件事。

11 岁的小晴，父母离异后妈妈再婚，家里新添了一个同母异父的弟弟。小晴对新生的弟弟充满了敌意，开始跟弟弟争夺妈妈的注意力，变得特别依赖妈妈，拒绝上学，甚至“退化”到用奶瓶喝水、要喂饭。不久后，她开始呕吐甚至厌食。二十多天后，小晴被送进了医院，被确诊患有同胞竞争障碍。

什么是同胞竞争障碍？同胞竞争障碍是指随着弟弟妹妹的出生，儿童出现某种程度的情绪紊乱，主要表现在三个方面：

1. 表现出明显的竞争或嫉妒：和弟弟妹妹争夺玩具，有明显的敌意或攻击性，甚至暗地里打弟弟妹妹。

2. 出现情绪低落：经常会明显地表现出不高兴、沮丧，甚至莫名哭泣。

3. 各种生活能力“退化”：孩子突然变得特别依赖父母，要喂饭、喂水，要父母抱。

因为新增成员打破了家庭原来的平衡，家庭资源被稀释。孩子出现一系列心理问题和偏差行为，是因为缺乏安全感和归属感。每一个有同胞竞争障碍的孩子，都试图用自己的方式告诉父母：“我想被你们重新看见！”可惜，不少父母并没有真正意识到。

## 长大后更隐蔽的同胞竞争，更伤人

小时候在兄弟姐妹中被忽视的孩子，会产生爱的匮乏感，如果这种匮乏感没有在长大的过程中被弥补，儿时潜伏的竞争意识会在长大后表现出来。所以，我们经常能看到在多个孩子的家庭里，有中心者、叛逆者、透明人。父母如果一碗水端不平，对孩子的影响难以想象。

电影《奇迹男孩》中的维娅出生在一个生活美满的家庭，她在 4 岁之前得到了家里人所有的爱，但随着天生面部畸形的弟弟降生，一切都改变了。因为“与众不同”，全家人把所有关注点和爱都转移到了弟弟身上。而且，父母没有意识到维娅也处在成长过程中，也会遇到各种状况。在父母若有若无的忽视里，维娅把自己的内心藏了起来。

渐渐地，维娅觉得自己是一个透明人。她看上去懂事，一切正常，可是她的内心却很落寞，她变得不再自信。在现实生活中，像维娅这样的孩子并不少见，但并不是所有的父母都能及时意识到问题的存在并加以改变。

同胞竞争是与生俱来的，当孩子自以为不被爱而产生妒忌心理，也是可以理解的。但是，孩子的内心敏感而脆弱，他们的感受需要不断被觉察、厘清和修复，没有人能忍受长期的被忽视。心理学研究发现，大多数的兄弟姐妹在同胞互动中，正向情绪和负向情绪并存。通常，同胞关系风格有以下几种：

照养者风格：某一个孩子充当另一个孩子的“准父母”。

密友风格：孩子双方都在试图跟对方相像，经常在一起玩耍。

批评风格：孩子中的一个试图支配另一个，孩子之间相互取笑和争吵。

竞争风格：类似于批评的风格，但孩子关系相对紧张。

父母如果不能及时引导，孩子间就会产生不良的同胞关系，而且这个关系会伴随孩子们的一生。

## 好的手足关系，一生亲密

那些陷于同胞竞争旋涡的孩子，实际上是在家庭系统调整中，内在的联结断裂了。父母需要及时引导孩子，重新建立和修复内在联结，从而让孩子在手足的亲密中健康地成长起来。

1. 修复父母与孩子之间的联结。

孩子对父母的依恋关系，是一种内在状态和情感联结。父母要理解，孩子的反常行为是在寻求关注和爱，从而及时修复和孩子的情感联结，建立安全型的依恋关系。父母要时不时地告诉孩子，无论家里有几个孩子，无论发生什么，父母依然爱他，同时给孩子一些只属于他的、与父母共处的时光。

2. 修复孩子之间的联结。

父母要营造合作而非竞争的家庭氛围，尽可能不把两个孩子进行比较，尤其是在外人面前。否则，孩子会为了有归属感和价值感，刻意证明自己，故意表现得和其他孩子不同。其实，很多父母都想对孩子一视同仁，但操作起来太难了，相处中有无数无意识的时刻，父母无意识的一个表情、一句话，都可能会伤害敏感的孩子。

这个时候，父母就要多一些觉察，细心一点，照顾孩子的情绪是可以做到的。父母表现出来的分配爱的倾向，也是对孩子之间关系的引导，明显偏心的父母，养育出来的孩子之间大多关系紧张。

3. 出生顺序，帮孩子自我认同。

父母可以好好运用孩子的出生顺序，帮助孩子完成自我认同。一般来说，老大因为是第一个出生的孩子，他们往往认为自己必须成为第一或是最好的，才能显得自己的重要。老幺则因为被家人娇惯，很容易认为，自己必须不断操纵别人为他们服务，才能显示出自己的重要。有些老幺甚至认为自己必须赶上并超越所有哥哥姐姐，才能显示自己的价值。排行中间的孩子常常会觉得自己受到排挤，既没有老大的特权，又没有老幺的被偏爱，自己必须在某些方面与兄弟姐妹不同，才能显出价值。

父母应该了解，出生的顺序不应该成为孩子的标签，并把孩子往模子里套，而应该用这个顺序增加对孩子的认识和理解，从而让自己和孩子的互动更有深度、更有效，帮助他们增加自我认同感。

比如某知乎答主说：“我有一个亲姐姐，大我 9 岁，每次父母教育我们的时候，会对姐姐说：要让着弟弟，保护好弟弟。同时会对我说：要尊敬姐姐，听姐姐的话。这两句话从来没有分开说过，我俩一直在践行着。我想，这就是我俩从小到大一直亲密无间的重要原因吧。”

孩子来到这个世界，手足之情弥足珍贵，这是一份能伴随他们整个人生的感情，好的手足关系，一生亲密。好的父母，应该引导孩子，让这份感情成为他们一生的助力和依靠。

## 如何成为孩子喜欢的玩伴

文：JK 不二子

我们常说，陪伴是最好的告白，但是，怎样的陪伴是有效的呢？

对很多父母来说，也许每年只有到了国庆长假、春节长假，才难得有时间跟孩子好好玩一场。每次周末带孩子去游乐场玩，看到各种陪孩子的父母，我都特别感慨。因为放眼望去，基本都是同一个场景：孩子一个人在里面玩，所有家长都像商量好了似的，坐在外面低头看手机。孩子换了一个更大的地方自己玩玩具，父母换了一个更大的地方玩手机。

哈佛心理学教授吉尔博特说："十年后，你不会因为少做了一个项目而遗憾，但你会因为没有多陪孩子一个小时而遗憾。"很多父母，似乎不太知道怎么跟孩子玩到一起，也不知道跟孩子玩什么。

## 陪孩子玩的三个层次，你在哪一层

第一层次：假装式陪玩。

我曾经在儿童乐园看到个小男孩，本来自己玩得挺好，后来觉得无聊，就去叫爸爸陪他一起玩。年轻的爸爸一边刷手机一边说：“你自己去玩啊，我不是在这里陪着你吗？乖啊，爸爸还有事。”说着指了指自己的手机。小男孩央求了几次，爸爸还是不肯，最后小男孩只好悻悻走开了。

很多父母以为，“我在这里看着你”就等于“我和孩子在一起”。然而，物理距离并不能代表心理距离。人在心不在，有陪无伴，并没有给孩子带来真正的“妈妈/爸爸和我在一起”的感觉。对孩子来说，互动是要被看见的。父母不经意的不作为，会让他们认为父母不爱自己，眼里没有自己。只陪不伴，父母花了时间，却不走心，这种陪伴只是父母的自我陶醉。

第二层次：负重式陪玩。

这一层次的父母，付出了时间，也付出了精力，而且他们一般都很有责任心。他们愿意花时间陪孩子玩，但往往表面上是陪玩，心里想的却是怎样改变孩子。一边陪孩子玩，一边不停挑剔，纠正孩子的行为。

为什么想改变孩子？因为他们看不见自己孩子的真实存在，只看见头脑中想象出来的“正确”的孩子，还要让孩子朝他靠拢。

本来是玩乐的时间，却被条条框框教导着，孩子当然不愿意和这样的父母一起玩。

第三层次：联结式陪玩。

联结是一种相互归属、融为一体的状态。人与人之间建立了深度的联结，既有身体的亲密接触，也有情感能量的流动。

宋氏家族，孩子个个出类拔萃，比如宋庆龄、宋美龄等，这就离不开其父母的悉心培养。为了让孩子们有一个好的成长环境，父亲宋耀如在郊区购宅，门前有溪流，宅后有菜地，四处都是供孩子撒野的场所。

一次，孩子们玩疯了，在周围农夫的地里跑来跑去，踩坏了庄稼，农夫找上门问责。宋耀如赔礼道歉之后，对农夫说："如果他们还跑去玩儿，请不要惊吓到他们，我会教导的。"

宋耀如还特意买了一箱子皮球，鼓励子女们踢球，孩子们经常把球踢得到处都是。不管工作多忙、时局多乱，他都要抽空回家陪孩子一起踢球玩。

会玩的父母，其实心里也有一个孩子，他们懂得如何去保护孩子的想象力和童心。他们会和孩子一起搭积木，也会陪孩子爬山捡树叶，会和孩子一起游泳打球……和孩子一起"虚度时光"的方式太多太多，他们享受和孩子在一起玩的乐趣，因为他们也找到了自己童年时的快乐。

## 游戏力，让你看见真正的孩子

心理学家劳伦斯·科恩在《游戏力》一书中提出，游戏力不仅仅是一些游戏和养育技巧，更是一种人生哲学，一种真正看见孩子的方式。陪孩子玩，我们需要根据孩子自身发展的特点和规律，选择适合于孩子所处年龄段的游戏。

儿童发展心理学家皮亚杰通过多年的观察发现，儿童的游戏要经历三个阶段：

0—2 岁的孩子，热衷于练习性游戏，重复练习各种动作。比如，一次次地把刚垒高的积木推倒重来，乐此不疲。

2—7 岁的孩子，喜欢玩象征性游戏，装扮成想象中的角色，模仿成人的活动，如“过家家”等。

7—12 岁的孩子，随着规则意识的萌发，开始玩规则性游戏。他们会选择玩伴、玩的时间，约定协商玩法等。

每个阶段的孩子，需要父母给予的陪伴方式都不一样：

年纪小一些的孩子，我们需要俯下身子，和他们面对面地玩；年纪大一点的，我们就要适应他们的方式。

只有看见孩子的变化，父母才能积极回应孩子的需求。

## 如何成为孩子出色的玩伴

“陪玩”的过程，是父母与孩子一起成长的过程，这也让亲子之间的联结得到巩固与升华。

每个孩子童年时最重要的，就是有一个亲密的玩伴，而父母就是孩子的第一任小伙伴。

那么，如何成为孩子出色的游戏玩伴呢？

1. 共情陪伴。

你真的理解你的孩子吗？孩子最喜欢的游戏是什么？

他倾向于什么游戏？和你玩游戏时他的情绪怎样，是正向的，还是负向的？

他更想跟你玩，还是跟同龄人玩？你充分尊重孩子的游戏选择吗？

他说想玩 A 游戏的时候，你有没有因为嫌麻烦而选择了 B 游戏？

他想跟你玩的时候，你推辞过吗？食言过吗？

共情理念由人本主义心理学宗师卡尔·罗杰斯提出，指能站在他人立场上换位思考，对他人的情绪能感同身受，能真正理解和尊重对方。孩子童年时期，最需要的就是父母的理解和尊重，而太多父母都做不到。

2. 用孩子的表达方式沟通。

很多时候，我们希望孩子用语言来表达一切，然而，语言不是孩子的表达方式，他们的方式是游戏。

如果我们想听懂孩子在说什么，更好的方式是“跟着他玩”；

如果我们想告诉孩子什么，更好的方式是“玩给他看”。

3. 保持亲密的身体接触。

在保证安全、尊重孩子感受的前提下，和孩子保持身体接触。例如，胜利后的击掌，落败时的拥抱、拍肩，等等。玩，能激发一个人最真实的情绪，快乐和低落都无法掩藏，特别是孩子，当孩子在玩的过程中产生各种情绪的时候，就是父母跟孩子建立亲密联结的时机。

有的父母可能会觉得没有必要陪孩子玩，认为放手让孩子自己去玩，可以培养孩子独立自主的能力，也可以让父母有时间工作、休息。这些都没有错，然而，陪孩子玩的意义不仅限于此。几乎所有的人际关系总是在联结、断裂和重建联结三种状态中不断变化，亲子关系亦如此。

没有那么多天生就联结完美的亲子关系，一起玩，就是创造高质量亲子关系的最好方式。

# 情绪感染，做个有趣的大人

文：微奢糖

心理学上，有种说法叫“情绪感染”。也就是说，情绪具有很强的传播性和感召性。比如在一个闷闷不乐的群体里，大家都更愿意选择沉默，而在一个互动性好的群体里，大家才愿意互相调侃，彼此也更亲近。而有趣作为一种积极情绪，更是家庭氛围的催化剂。所以，有趣是幸福家庭里不可缺少的家风，不仅滋养伴侣，更能愉悦孩子。

## 有趣的大人，让孩子充满生命力

很多人觉得结婚后的大人不能太闹腾，要成熟、要理智，要给孩子树立一个好榜样。而一个有趣的大人，他会对外界保持好奇心和探索欲，更利于孩子自信心的养成。

那些整日郁郁寡欢的人，眼中的一切都毫无生机，而在心理咨询中这和抑郁症是相似的。有一个妈妈来咨询说，她很委屈，为了照顾好孩子，选择了一个工资低但离家近的工作。平时省吃俭用，给孩子报各种兴趣班，可孩子宁愿一整天在家盯着小乌龟，也不愿意去上学，不是逃课就是睡觉，而且也不愿意出去玩。

她不理解的是，他怎么一点“孩子样”都没有，总给人一种老气横秋的感觉，她甚至怀疑儿子得了“孤独症”。是啊，8 岁的孩子正是贪玩的时候，她儿子却这般没有朝气。

细问才发现，这两口子结婚十二年，从没有一起出游过，极少参加聚会，就连公司的聚会也以各种理由拒绝。他们不给孩子看动画片，只看历史剧或者新闻。平时和孩子的互动不是说教，就是讲述自己养育的不容易。

听到这里，真的心疼那个孩子，在一个无趣而冰冷的家庭氛围里，哪里有开朗的种子呢？他连有什么好玩的东西都不知道，又怎么能有探索的欲望呢？其实，孩子就像父母的复印件，只有在有趣的家庭氛围里长大的孩子，才更有可能对世界充满好奇，愿意去冒险和探索，也更加开朗自信，充满生命力。

## 有趣的大人，培养出乐观的孩子

冰心曾说：“假如生命是乏味的，我怕有来生！假如生命是有趣的，今生已是满足了。”有趣的父母，更能培养出乐观的孩子，哪怕很多条件并不完美。

天后王菲有两段婚姻，有两个同母异父的孩子，她的育儿观一直深受大家好评。作为一个唇腭裂孩子，李嫣丝毫不受影响，还公开在社交网络调侃自己比妈妈更懂时尚。其实，这与王菲的教育是分不开的。她在家里和女儿以姐妹相称，窦靖童是大姐，李嫣是二姐，王菲是三妹。她给人的印象总是很高冷，但在孩子面前却很有趣。

她和李嫣的对话也很有趣。李嫣天马行空地表示没出生前，自己在天上飘着。王菲回复说："被你选中很荣幸，只是因为在人群中多看了我一眼？"李嫣说："不，是因为一口蛋糕的滋味。"而反观很多父母，每当孩子语言毫无逻辑时，便会面露不悦，甚至直接撑回去。

心理学家班杜拉曾在社会学习理论中提出，孩子会通过榜样去观察学习，而父母就是孩子最会去模仿的人。所以，即便为人父母，也不能压抑自己有趣的一面，因为那可能就是孩子走向多彩世界的大门。

## 做到有趣，其实很简单

作家王小圈说："好看的皮囊千般不易，有趣的灵魂万里挑一。"的确，有趣的人会把苦涩的生活过成诗，而无趣的人会把浪漫的日子熬成毒。有趣的大人总是会主动创造生活的美好体验。关于这一点，很多人可能会说：我工作很忙，真的没时间陪孩子四处跑。

变得有趣真的需要耗费很多时间和精力吗？孙俪和邓超夫妇就很有趣。邓超会允许女儿给自己涂粉色指甲油，再扎满头小辫。一家四口出游时，邓超会坐在地上，让孩子们用树叶把自己堆起来。

其实，我们每个人生而对这个世界充满好奇，比如很小的时候，我们用爬的方式去接触周围的一切，而后来慢慢学会了走，学会了跑，学会了利用交通工具，去看更多的东西。所以，有趣并不难，它是我们每个人都有的东西，它并不拘泥于某种特定的形式。

我们要做的不过就是“激活”，学会释放自我，专注享受每一次生活。试着给自己更多接纳和允许，我们每个人都做得到。如果你希望孩子做一个有趣的人，无须刻意培养和说教，给他一个轻松、自由的家庭氛围就好。

做个有趣的大人吧，让甜蜜的生活更持久，让苦涩的日子一样充满希望。

# 富足力：
# 有钱人和你想的不一样

## 当你不成功，如何补偿孩子？

文：JK 不二子

我看过一则非常用心的泰国广告片，片子采访了两个妈妈和一个爸爸，让他们说出心里对孩子的愧疚。结合着画面，看得人很是揪心。

第一位妈妈是制衣女工，因为收入微薄，不能给孩子更好的生活，女儿考上了好学校，却读不起。她说："如果她（孩子）出生在别人家，她的生活应该会比较好过。"

第二位妈妈天生残疾，她怕这让儿子丢脸，觉得很对不起儿子，因为自己而让儿子的生活这么辛苦。

而受访的那位父亲，因为坐过牢，没人肯录用他，他只能以开摩的为生，风里来雨里去。他认为自己在教育孩子上做得不够好，亏待了孩子。

他们都因为没能给孩子更好的生活而感到愧疚、自责和抱歉，他们也是千千万万父母的缩影：在平凡的生活中，他们努力地从事一份工作，尽着为人父母的责任，却依旧觉得给孩子的不够多，亏欠孩子。当他们无法满足孩子所有的物质需求，特别是无法给他们“最好”的教育时，相比于其他物质条件更好的家庭，他们会为自己没有“富养”孩子而自责不已。

你怎么面对自己给孩子造成的“匮乏”？

你怎么面对自己可能是一个没那么“成功”的爸爸或者妈妈？

## 接纳不完美的自己，才能真正接纳孩子

父母，总想用自己的方式尽力给孩子最好的爱，而现实有时很残酷，不是所有父母都有丰厚的收入，都能支撑起孩子所有的物质需求。大多数人尽管非常努力，却总觉得对不起孩子。这样的心情，为人父母都会理解。养育孩子是一个不可逆转的过程，所以我们格外小心。在养育孩子的日子里，总会有那么一瞬间，觉得自己做得不够好，是不是可以做得更好一些。尤其是在这个众人焦虑的时代，要做好父母真的不容易。

试想，孩子上不了好学校，不是因为成绩，而是因为你买不了学区房，家长面试没通过，很无力；孩子去不了很多地方开眼界、长见识，因为你要还各种贷款，很无力；孩子不能接受“精英教育”，无法被“富养”，你感到很无力……

我明白正在努力的你所有的无奈和力不从心，这些感觉只有

当父母的人才能体会，所以我不会劝你不要努力。

用物质表达对孩子的爱意，最明显直接，这无可厚非。然而，在现实生活中，父母确实存在着两种天差地别的爱：盲目的爱和成熟的爱。不同的爱传递着不同的力量。在盲目的爱里，父母往往用牺牲、过分承担或受苦的方式去爱孩子。他们既苦又累，养育孩子仿佛是一场消耗生命的苦战。

穷人家的“富二代”就是这种畸形爱的产物。很多父母都有一种补偿心理，自己小时候没有被满足的，一定要满足孩子，哪怕没有能力，也要以透支自己的方式来满足孩子物质上无止境的要求。自己的内心越匮乏，就越是拼了命地补偿孩子。这种不衡量自己能力的付出就是盲目的。在这种环境下长大的孩子，习惯了伸手讨要，非但不会珍惜父母的付出，更缺乏感恩心。他们不明白父母是竭尽所能地透支自己满足他，一旦哪一次没有得到满足，他们心里甚至会生出怨恨。

成熟的爱，是父母接纳自己，和不完美的自己和解，放下对孩子、对自己的高期待，以更平和的心态爱孩子，爱他们成长的每一天。父母给予孩子生命，已经是一件非常了不起的事了。父母只有接纳不完美的自己，才能全然地接纳孩子。

### 孩子最大的需求：爱和归属感

即使因为客观条件，你给不了孩子优渥的生活，或者更多的物质满足，但只要你尽力给了他自己能做到的最好，孩子会知道。在那则广告里，三个父母对孩子充满了歉意，而三个孩子却对自己父母非常肯定和认同：

制衣女工的孩子说："虽然她没什么钱，但她给了我满满的爱，能当她的女儿是最幸福的事。"

天生残疾的妈妈的孩子说："在我心中，我妈是最伟大的英雄。"

摩托车司机的孩子说："他是一个很棒的人。我想跟他说我很爱他，直到生命尽头的那一天。"

原来，那些令父母愧疚的艰辛生活，在孩子心里并不算什么苦难。因为他们有父母全然的爱与接纳。

对一个人来说，在成长过程中，童年获得的心理滋养比物质满足更重要。比如：

0—3 个月的孩子需要无条件的接纳；4 个月—3 岁的孩子需要基本的安全感；4—5 岁的孩子需要肯定、赞美、认同。

而"爱与归属感"是人在孩童阶段最大的需求。

孩子的生命来自父母，每一个孩子对父母都有一种与生俱来的归属的诉求，对于孩子来说就是有一种"家"的感觉。广告中的几个孩子，虽然没有从父母身上得到太多的物质满足，但在家里受到尊重、呵护，获得了家的归属感，因此更深切地感受到了父母的爱。相比之下，我们也看过太多从小衣食不缺的孩子，即使接受着表面上的“富养”，却因为无法在家里得到爱、认同和归属感，而感受不到幸福。

其实，穷养富养，都不如用爱去养。

## 赋能的爱，是给孩子最好的生长力

父母不是超人，却可以在平凡的生活中和孩子建立内在的联结，给孩子力量和底气，让他们长出羽翼，去探索更广阔的世界。

1. 和孩子建立内在联结。

心理学家盖瑞·查普曼在他的著作《爱的五种语言》中列出了五种爱的语言，可以帮助父母更好地读懂孩子。

肯定的言辞。如果你发现，孩子经常夸赞你，或者他很喜欢你夸奖他，那么，正面肯定、鼓励、赞美的话在他心中就代表了爱。

精心的时刻。如果你发现，孩子对昂贵的玩具兴趣不大，只要你陪伴他一起玩耍，他就高兴不已，那么他主要的爱的语言是“精心的时刻”。

接受礼物。如果你发现，孩子喜欢送人礼物，而且每次送礼物都会精心包装，同时他也会很好地保存自己收到的各种礼物，那么他的爱的语言就是送礼物给他。

服务的举动。如果你发现，孩子总是喜欢帮助其他人，你如果能做些服务于他的举动，他就觉得你是爱他的。

身体接触。如果你发现，孩子和父母在一起的时候，喜欢用手臂和肩膀紧紧靠着父母，喜欢父母抱抱亲亲，那么他主要爱的语言是“身体的接触”。

孩子心中的爱，有时真的和我们理解的不一样，因此解密孩子的爱的语言就显得格外重要。其实，对于爱来说，要做的只有两件事：付出爱和接受爱。爱的流动，才是爱的本质。从原生家庭获得幸福感的孩子，长大后更容易感知到爱，也更容易去给予爱。

2. 给孩子赋能的爱。

我们每个人来到这个世界上的最终目的，是通过一生的经历去领悟生命的意义，活出真正的自己。广告中的孩子们或许没有优越的物质条件，但他们能从父母身上学到为人处世的可贵品质：即使我们平凡，没那么有钱，但我们却依旧在尽力让自己的生活变得更好，我们爱生活、爱他人、爱自己的心，并没有什么不同。

孩子因为懂得幸福的不易，所以会感恩父母的付出，他们会为自己的父母自豪，因为除了物质，父母给了他们更重要的东西——爱。这份爱就是赋能的。无论物质条件如何，这份爱都可以唤醒孩子内在的力量，增长他们的生长力，让他们有力量从平凡的生活中，凭自己的努力，走出一条开满鲜花的路。

亲子之爱，是世上唯一指向分离的爱。父母能给孩子的最好的爱，莫过于孩子离开你以后，能健康快乐地成长，去过他想要的人生。

## 哭穷式教育，只能养出心穷的孩子

文：JK 不二子

和孩子一起买东西的时候，孩子怎样的表现会是父母眼中的“乖孩子”？有一次，我带着表姐家的孩子去逛超市，跟我家的孩子往购物车里扔这扔那不同，那个小女孩就拿了一条饼干，也不要玩具。我对她说：“再拿一些吧，不要害羞，阿姨都买给你。”小女孩怯怯地说：“不用啦，有饼干就够了，妈妈说要懂事。”但是她的眼睛却止不住地看着购物车里的漂亮玩具。

那一瞬间，我好像看到了小时候的自己。那时，妈妈也总是跟我说：懂事一点，别总是乱花钱。

你的父母有没有对你说过这样的话——

想要同学们都有的玩具，他们会说：“我们跟别人家不一样，我们没那个条件。”

你买了一本闲书，他们会说：“就会乱花钱，买这些有什么用？”

这些话的潜台词是：我们家没那么多钱，不要浪费，要节约。

这就是伴随很多人长大的“哭穷”式教育。

## 哭穷的背后，是伴随孩子一生的匮乏感

哭穷的父母，不一定真的穷，“哭穷”可能只是他们的一种习惯。有的父母哭穷，本意是想让孩子知道钱得来不易，要培养孩子节俭的意识，用穷养来锻炼孩子。可是，父母经常在孩子面前哭穷，抱怨“没钱没法过日子”，说“钱不可以买闲玩意儿”，说孩子“败家”，只能给孩子带来更多的自卑、无助和匮乏感，进而缺乏安全感。

“我上大学之前从没去过商场，后来去大商场也总觉得抬不起头，觉得自己不应该出现在这么高级的地方，也不想跟同学一起去逛街。我家也并不穷，只是爸妈认为没必要在吃穿上那么‘奢侈’。”

这是一个网友的自白。儿童心理学家认为，父母哭穷带给孩子的影响，正面的可能是学会了一时的节约，而负面的则会形成内在的匮乏。

有些东西属于孩子的正常需求，但父母总是不去满足他们。在孩子成长过程中，如果他的需求长期得不到满足，他自然会觉得自己不被爱，从而形成内在的深度匮乏。

这种匮乏感可能会影响孩子一生的幸福。

80 后单身小白领丽丽在国企做行政，每个月旱涝保收七八千，房租都是父母付的，但她是个月光族。

因为平时工作压力大，她总觉得要对自己好一点，于是就用购物的方式来弥补，结果每个月一买就失控，月月还账单。后来，和她深入聊天后我才发现，造成她这种消费习惯的很大原因在于，父母在她童年记忆里种下的“木马程序”渐渐地内化为她的内在运行模式。

小时候，她想要买什么，父母经常以“浪费”为理由拒绝。她想得到的，大多数时候都得不到。她很听话懂事，父母不给买，她也不闹，但内在的匮乏感却越积越深。她心里一直有一个声音：将来一定要好好补偿自己。

终于等到自己工作可以赚钱了，积压在她心里的匮乏感全面爆发，通过买买买来弥补童年的那些缺失。

### 不配得感，影响成年后的亲密关系

有的父母明明不缺钱，却因为消费观念只给孩子买廉价的物品。久而久之，孩子会觉得自己不配得高品质的东西，形成对于自身的低价值感。

我认识一个很优秀的女孩，她的亲密关系就像被施了魔咒一样，开局总是不错，结局总是不欢而散。她平时对自己很吝啬，不舍得在自己身上花钱，对男友却总是全心付出，渴望得到男友全部的爱。

可是，奇怪的是，不管男友对她有多好，她总是觉得自己不被爱。在每段亲密关系中，她都不断猜忌，患得患失，最终把一段段爱情推向终结。因为她潜意识里有一种深深的不配得感，她从骨子里不相信自己会拥有美好的感情。

在小文的记忆里，母亲总是对她说，过日子就是要节约。小时候小文虽然也羡慕别的小朋友有漂亮的洋娃娃，但是她仍然很乖巧地只让妈妈给她买便宜的小布偶。渐渐地，小文认为自己是不重要的，不配得好东西。

成年后虽然外表姣好，各方面条件都不错，小文却自卑敏感，内心毫无安全感。在亲密关系中，小文总觉得自己不够好，对方比自己更重要，只有全然付出才能被爱。即便她做得再好，内心也极端不自信，内在强烈的不配得感让她认为对方不可能对自己投入太多感情。

父母不经意的言行就像一颗种子，会随着孩子长大而变大，结出谁也不愿意接受的果子。弗洛伊德的“童年阴影”理论，认为人的创伤经历，特别是童年的创伤经历，会对人的一生产生重要影响。这种童年阴影就像“木马程序”，会进入你的潜意识细胞记忆，自动变成你的人生运行程序。它反复循环运行一个不受你控制的过程，占用你的大部分时间和精力。这个“木马程序”会带给你不配得感、匮乏感、自卑感、焦虑、恐惧、受害者心态、破坏者心态、低价值感等。

## 不被满足的孩子，如何长大

父母所说的话，所表现出的行为，都体现着他们自身的观念，我们每个人或多或少会因此而产生一些童年阴影。对孩子哭穷的父母养育不出精神富足的孩子，但是在这种环境中成长的孩子，不必一直活在这个阴影之中，可以跳出这个阴影，走出自己的人生。

1. 学会对自己负责。

东野圭吾在《时生》一书中这样说："谁都想生在好人家，可无法选择父母。发给你什么样的牌，你就只能尽量打好它。"

过去的经历对我们的影响可能会伴随我们一生，但是也不应该把所有的不快乐、不如意都推给童年经历。试着理解父母，也许他们也是被哭穷的父母养大，一生对自己吝啬，不会爱自己；他们也是既有观念的牺牲品，没有制造幸福的能力。或许父母用错误的方式对待了我们，这时候我们要做的是不让这种错误的方式内化为我们对待自己的方式。长大的你完全可以好好对待自己，不为父母的观念买单，只对自己的人生负责。

2. 学会正确爱自己。

心灵疗愈大师罗伊·马丁纳博士认为：每个人先必须服务自己，把自己照顾得越好，就越有能量、越快乐，也就有更多东西可以给别人。

爱自己是认可自我价值的一种表现，就算全世界都不爱你，你还有你自己，还能爱自己。学会爱自己有三个层次：

第一个层次：全然地满足自己。只有满足自己，匮乏感才不会一直捆绑着你。舍得给自己花钱、花时间，不要再对所有人大方却唯独对自己吝啬，你值得所有的好东西，你也完全有自主权去做喜欢做的事。

第二个层次：拥抱你的内在小孩。每个不被父母好好对待的人，内在都有一个受伤的小孩。如果想把人生的主动权拿在自己手里，你需要去探索内在自我，思考和分析自己现有的人生，试着接纳、关爱并且疗愈那个不曾被真正看到的受伤的内在小孩。

第三个层次：欣赏自己。也许小时候，你和你的需求总是不被看到、不被接纳、不被欣赏，但现在，你不再需要依靠父母才能生存，你不再需要满足任何人的期待。在你的世界里，没有人能限制、控制你，你可以毫无芥蒂地爱自己。你可以看到、接纳和欣赏自己，不需要仰仗别人，你可以给自己爱和力量。

露易丝·海说："自我感觉好起来，你会发现你生活中的一切也好了起来。"所以，跟过去那个匮乏的自己挥手告别，下一站的你就是全新而幸福的你。自此，你的内在和外在都会富足起来的。

# 你如何向孩子解释“贫穷”?

文：杨思远

印度电影《起跑线》讲述了一个新兴的中产家庭因为孩子择校而经历的一系列的故事，诙谐幽默的影片背后，实际上也藏了诸多辛酸和无奈。看完电影，我印象最深的，便是男女主人公在参加学校面试的时候，校方提出一个问题：你如何向你的孩子解释贫穷?

我想，这个问题的最好答案，其实就藏在电影之中。

## 忽略孩子的感受，是父母最常做的事

主人公夫妇拉吉和米图是印度月光集市上开时装店的商人，在当地算是小有名气的土豪，有豪宅，开豪车，有保姆，算是典型的新兴中产阶层。他们有一个女儿皮娅，刚刚到了上学的年纪。不过皮娅在银幕上的出场充满了戏剧的诙谐：穿得里三层外三层，还戴着安全帽，套着护膝。

你以为她要被父母带去户外徒步，然而真相是：她只是要去游乐场玩个滑梯。

小女孩说："妈妈，我这样就动不了了。"可是母亲米图不为所动，坚持让一个去玩滑梯的小朋友全副武装起来。

除了幽默，你会不会觉得这个画面很熟悉？它是不是很像我们的日常？我们经常跟自己的孩子说"你要这样这样，你不能那样那样"，但是我们几乎不会问孩子："你想怎么样？"

心理学认为，一个孩子在3岁左右就已经开始有清晰的自我意识了。也就是说，他已经开始知道"我"和"你"的区别，而这个阶段是一个人养成自尊的最重要阶段。在很多外国电影中，细心的观众可能会注意到，很多家长都是蹲下来和孩子进行沟通的，而这个蹲下的动作本身就在传递一种信息：我和你是平等的，我尊重你。

孩子通过父母这样的沟通方式，会获取"我是好的，我是值得被尊重的"这一自我认知，这种自我认知也会伴随他长大，在长大后的各种人际关系中发挥积极的作用。但是，让我们再回到电影中，想想那个套着护膝、戴着安全帽的小女孩，她会是什么感受。通过母亲的反馈，她会觉得"我的意见不重要，我必须听从母亲的安排"，她的意见不断被忽略、被否定，她也必然会不再表达自己的感受和需求。

一个不能够维护自己真实感受的人怎么可能活得幸福快乐？

米图之所以会忽略皮娅的感受，表面上是“为了她更安全”，本质上却是在缓解自己内在世界的焦虑，她不相信孩子有足够的能力去应对这个复杂多变的世界，而这份不相信会通过潜意识传递给皮娅。再好的学校教育可能都无法治愈母亲带给孩子内在世界的这份不自信。

## 被父母看见，是孩子幸福一生的源泉

除了拉吉和米图这对印度中产夫妇，电影中还有另外一个家庭——“穷人”邻居希亚姆一家。为了让女儿能够进入最好的学校，拉吉和米图买了“学区房”。可是由于家长面试不过关，女儿皮娅还是未能被好学校录取，在“找关系”“走后门”这两把万能钥匙也失效后，拉吉夫妇被迫无奈只能用“装穷”的方式来扮演穷人，以换得好学校给贫穷孩子们留下的 25% 的入学名额。

希亚姆一家就是拉吉和米图搬到穷人区后遇见的好心邻居。这个新邻居一家主动帮助拉吉一家学习打水、买食物等贫民区生活技能，甚至为了帮助拉吉一家给女儿凑学费，希亚姆不惜冒着生命危险，在马路上和汽车碰瓷。

在希亚姆一家人的身上，我们能看到很多人性的光辉：善良、热情、勤劳、知足、友善……但最让我动容的，是希亚姆在得知自己儿子没有被好学校录取时的反应。

希亚姆难过地靠着柱子哭了几下之后，擦干眼泪，然后转身抱起自己的儿子，说道："你是最幸运的孩子，学校录取与否并不能决定你是否幸运，是学校的运气太差。"说罢，他还和妻子凑了三百卢比，决定去买自己家从未吃过的比萨，拿到拉吉家，庆祝皮娅被录取。

在这里，我们看到了一个真正在精神上富有的父亲形象：他相信自己的孩子，相信不管外界环境如何，他都足够勇敢和优秀；作为父亲，他在逆境中不被击倒，还能够给予孩子支持和力量；他不会因为自己的匮乏，就嫉妒他人的拥有，非但不会如此，他还能以最真诚的善意，祝福对方的收获……

心理学认为，每个孩子的成长过程，都是在对父母亲形象的内化过程中完成的。如果一个孩子在成长过程中感受到父亲是有力量的，自己是被支持的、被祝福的，那么当他在成人世界中体验到挫折的时候，他也会从内化的父亲形象中提取强大的力量，支撑自己穿越黑暗的旅途。这份内在世界的勇敢、无畏、善良，孩子只能从父母的内在世界中去汲取和内化。

## "做一个好爸爸，前提是做一个好人"

影片的结尾是拉吉的公开演说。在一系列喜剧性的经历中，希亚姆似乎是一面人性之光的镜子，每个人都在其中照见了自己的模样。拉吉照见了自己人性中的丑陋和灰暗，于是决定主动放弃女儿的入学资格，把机会归还给本来就属于那些穷人家的孩子。

拉吉说："我这辈子一直在努力做一个好老公、一个好爸爸，但是我想，要做到这一点，我首先要做一个好人。"

我相信很多观众听了这句话都会为之动容。人的成长，本质上就是在寻找理想化客体，并对理想客体不断认同的过程。作为孩子最重要的外部客体，身为父母，你做的一切其实都在潜意识中影响着自己的孩子。

你相信什么、你选择什么、你放弃什么、你为什么而努力……这一切，都不仅仅是你个人的事情，它都在参与塑造你的孩子。

倘若你口头上说着真善美，却做着自私卑劣的事；倘若你坚称做人一定要正直，却选择不守约、不守信；倘若你言必称勇于做自己，却总是剥夺别人的想法和权利……那么你的孩子也必然不会真的成为一个相信真善美、为人正直、敢于做自己的人。因为潜意识会传递和互相影响，当你自己都做不到的时候，你的孩子必然也不会相信你，更不会相信自己能活成期待中那么美好的样子。"做一个好爸爸，前提是我要成为一个好人"，它外延的含义是：学校教育只能在一定程度上影响一个孩子是否能取得好的成绩，是否能够考上理想的学校。

贫穷，是本该丰饶的内心变成了干涸的沙漠，是你可以善良却选择了邪恶，是你可以坚持却选择了放弃，是你可以不认同却屈从于世俗。但是，贫穷不能决定一个孩子是否果敢、无畏、真诚、善良，这些闪闪发光的人格品质，他们只能从父母的内在世界里去汲取获得。

一所好的学校或许会决定孩子在刚开始跑得快不快，但是人格中的坚毅、勇敢才会决定一个人走得远不远。

## 内心富足的父母，这样和孩子“谈钱”

文：茗荷

有一则新闻说，一个家长开跑车接送孩子上学，老师和一部分家长认为，开跑车接送孩子会引起孩子们的攀比心理，不利于孩子的教育。

他们说——

“再有钱也要低调一些啊。”

“不就送个孩子嘛，普通的车也行啊。”

而开跑车的家长则直接撑回去：“钱是我辛苦赚来的，不偷不抢，我想给孩子最好的，有啥不对？如果开跑车就会引起攀比，那你们的孩子是不是太脆弱了？我凭什么要再买一辆普通的车来安慰你们的玻璃心呢？”

结果，这个家长被踢出了家长群。

这件事情有些荒谬，但背后却隐藏着父母传递给孩子的价值观。是家长在攀比，还是孩子在攀比？当孩子面对物质条件的差异时，谁在教他攀比心？影响孩子一生的价值观，我们该如何引导？

## 真正的攀比之心来自哪里？

俗话说，由俭入奢易，由奢入俭难。传统观念认为，如果给孩子优厚的物质条件，很容易让孩子习惯于奢侈的生活，而且容易互相攀比，不利于孩子的成长。但我们不能忽视的现实是，我们正进入一个物质生活丰裕、贫富差距也客观存在的时代。

有的家庭，一年出国旅行几次，孩子从小就穿奢侈品，车子、房子换了又换，这就是他们认为正常的生活方式。而有的家庭，相对来说没那么富足，只能在有限的物质条件下尽量给孩子最好的。

这两种家庭碰在一起，自然就有了对比，但是有对比就有攀比吗？我们可以看看攀比之心从哪里来？

一是过度地将物质生活与个人成就和幸福感画等号，以为拥有丰厚的物质生活就代表了成功、幸福；

二是内心的匮乏感，让他们以为可以依靠外物填充来获取幸福；

三是从众焦虑，别人有的自己也要有，分不清“需要”和“欲望”之间的差别，随波逐流。

这很容易理解，攀比跟物质条件本身没有直接的联系，而是跟我们如何看待物质条件有关系。就拿开头的这条新闻来说，对普通家庭来说遥不可及的跑车其实只是这位家长生活中一种平常不过的选择。如果家长不去刻意突出跑车价格、与别人的差距等，在孩子眼中，跑车和其他的车也许并没有差别。是父母让孩子明白了跑车代表的各种不同意义：经济能力、品位、社会地位等。

## 给孩子最好的金钱观教育是“精神富养”

也许，相比于指责别人的生活方式，正确引导孩子的金钱观与价值观有着更大的意义，但是很多父母都不知道该怎么跟孩子谈钱。

妈妈，我们家为什么要租房子住？

妈妈，我们家为什么没有车？

妈妈，我们家有钱吗？我们是穷人吗？

面对这些问题，父母的回答就代表了你能给孩子什么样的金钱观念。钱重要吗？钱代表幸福吗？

也许，你可以这样教育孩子——

**“你值得拥有最美好的事物”——消除匮乏感。**

我有个朋友，家境非常不错，但是，养育她的外婆一直信奉“节俭之道”。为了让外孙女继承这一美德，外婆一直让她穿堂姐的旧衣服，严格控制她的零食，她提出的很多需求也都被拒绝了。

长大之后，她形成了什么消费模式呢？

每个月的工资，大部分拿来吃吃喝喝；别人买了新手机，她马上就想买一部；别人朋友圈晒了一管新口红，她也冲动购买，买来只是闲置而已……

节俭是优良传统，但过度就会让孩子产生匮乏感。如果你经常把“没钱”“赚钱不易”“你要那么好的东西干吗”输入孩子的信念系统，孩子在长大后和钱的关系就会理不顺，会觉得自己“不配得”那些美好的东西。

在力所能及的范围内满足孩子的合理需求，让其内心充盈，感受生活的美好。既不过分地去强调物质生活的重要性，也不刻意克扣孩子，忽视他物质上的需求，告诉孩子，他值得拥有最美好的事物。

**“这世界上最珍贵的东西，用钱往往买不到”——培养“识货”能力。**

《洛克菲勒留给儿子的38封信》中提到：“因为我知道给人带来伤害最快捷的途径就是给钱，它可以让人腐化堕落、飞扬跋扈、不可一世，失去最美好的快乐。我不能用财富埋葬我心爱的孩子，愚蠢地让你们成为不思进取、只知依赖父母劳动成果的无能者。”作为世界上最富有的人之一，同时也是一个父亲，洛克菲勒将比金钱更宝贵的品质——自立自强、诚恳、善良、勇敢等，一一强化给孩子。

不仅如此，他还通过行为有意识地为孩子灌输自立、个人奋斗等价值观念。在家里，修剪草皮、擦皮鞋等家务活儿，都明码标价，以此鼓励孩子们做家务劳动，培养他们的自立精神。

我们要引导孩子看到，金钱只是人生中不可或缺的因素之一，除了它，世界上还有很多珍贵的东西，比如内在的品质、内心的承受力等。适度的物质追求是必要的，但过多的欲望并不能给自己带来更多的幸福感。

我们需要培养孩子的“识货能力”，让他们知道什么才是闪闪发光的真金。孩子就不会因为“虽然不是真的需要，但别人买我也买”“我虽然不是很喜欢他，但他有钱”等，而做出不明智的选择。

**“适合我的就好，价格不是关键”——降低从众需求。**

进入学校之后，孩子看到别的同伴拥有的东西就会很想要，这个时候，有的父母会因为觉得不能跟风而粗暴拒绝。其实，其中的关键在于，家长需要弄清楚孩子的真正需求是什么。如果理解他，在条件尚且不成熟的情况下，可以给孩子一些其他替代性选择。年纪尚幼的孩子对价格是并不敏感的，他的好坏观念基本都是受大人影响。而年纪稍长的孩子已经明白了物品价格和品质之间是有一定关联的。这个时候可能更多地要通过父母的行为去引导——“在有能力的情况下，选择最适合自己的，价格不是唯一的因素。”

如果父母言行一致，不会出于爱慕虚荣，一会儿满足孩子的不合理需求，一会儿又克扣孩子，孩子渐渐就会明白家庭之间贫富差距本来就存在。父母不用回避，也不必有什么心理负担，在合适的范围之内尽力满足孩子就不会有亏欠。

孩子是否出现攀比心，与物质本身的丰富程度关系并不大，却与父母内心丰盈程度、行为示范关联很大。因此，无论是否富裕，身为父母，要正视物质差距，不把物质条件与人的幸福感、成功标准牢牢挂靠在一起，坦然地和孩子过好自己的生活。